全球化背景下

中国武术的传承与发展研究

李远华 著

吉林大学出版社

·长春·

图书在版编目(CIP)数据

全球化背景下中国武术的传承与发展研究 / 李远华

著. —长春:吉林大学出版社,2019.11

ISBN 978-7-5692-5875-2

Ⅰ. ①全… Ⅱ. ①李… Ⅲ. ①武术－文化研究－中国

Ⅳ. ①G852

中国版本图书馆 CIP 数据核字(2019)第 245755 号

书　　名　全球化背景下中国武术的传承与发展研究
　　　　　　QUANQIUHUA BEIJING XIA ZHONGGUO WUSHU DE CHUANCHENG
　　　　　　YU FAZHAN YANJIU

作　　者　李远华　著
策划编辑　孟亚黎
责任编辑　周　鑫
责任校对　赵　莹
装帧设计　马静静
出版发行　吉林大学出版社
社　　址　长春市人民大街 4059 号
邮政编码　130021
发行电话　0431－89580028/29/21
网　　址　http://www.jlup.com.cn
电子邮箱　jdcbs@jlu.edu.cn
印　　刷　北京亚吉飞数码科技有限公司
开　　本　787mm×1092mm　1/16
印　　张　15.5
字　　数　206 千字
版　　次　2020 年 3 月　第 1 版
印　　次　2020 年 3 月　第 1 次
书　　号　ISBN 978-7-5692-5875-2
定　　价　76.00 元

前　言

　　纵观全球会发现,置身于全球化背景下的世界各国,经济、文化、体育等方方面面都受到了全球化的影响。就我国来说,在全球化持续发展的过程中,海外文化和海外体育项目等以令人难以置信的速度、广度、深度传入我国,和我国传统文化以及传统体育等展开了前所未有、持久而深远的对抗和争夺,包括中国武术在内的诸多传统体育项目受到了巨大冲击,很多传统体育项目濒临衰亡。因此,上至我国经济、文化、体育等多个领域,下至中国武术运动,都应当积极探寻并抓住全球化带来的发展机遇,客观而全面地剖析各个领域的发展概况和发展问题,以积极主动的态度开展调整和改革工作,同时最大限度地规避全球化给我国各个领域带来的负面影响。

　　中国武术是我国传统文化宝库中的一颗璀璨明珠,中国武术的传承和发展对推动我国传统文化的传承和发展有深远意义。从本质上来说,要想使置身于全球化背景下的中国武术以更快的速度传承与发展,就必须深刻认识和剖析全球化背景给中国武术发展带来的机遇和挑战,同时系统性梳理中国武术传承与发展概况,从而探寻中国武术在全球化背景下的传承和发展路径,夯实中国武术以更快速度在世界范围内广泛传承和发展的理论基础。基于以上分析,作者在查阅和借鉴诸多和全球化、中国武术、中国武术传承和发展相关的著作文献的基础上,撰写了《全球化背景下中国武术的传承与发展研究》一书。

　　本书共有八章内容,第一章主要研究全球化基础理论、武术本体的构成、中国武术基础理论、中国武术与传统文化的关系,目的是夯实中国武术在全球化背景下传承与发展的理论基础。第二章主要研究中国武术发展历程、发展现状、发展走向、西方体育对中国武术发展的影响,目的是对中国武术发展概况和西方体育对中国武术发展产生的多方面影响进行全方位研究。第三章主要研究中国武术的具体传承要素和影响中国武术传承的内外部因素,目的是对作用于中国武术传承与发展的因素进行精准定位和分析,把各项传承要素和影响因素的积极作用发挥至最大。第四章在研究中国武术传播的基础理论、基本原理、具体对策的基础上,结合全球化背景指出武术跨文化传播的宏观策略,目的是为中国武术在全球范围内的传播提供理论指导。第五章主要研究中国武术的健身与防卫价值、教育与娱乐价值、经济与社会价值,目的是明确指出中国武术传承的本根,为中国武术在全球化背景下的价值传承指明方向。第六章主要研究中国武术传承和发展的途径,具体包括竞技化的传承与发展途径、产业化的传承与发展途径、市场化的传承与发展途径,目的是为中国武术踏上正确的传承和发展道路提供理论指导。第七章主要研究在全球化背景下构建中国武术教学体系、训练体系、竞赛体系的要点,目的是通过夯实中国武术体系构建理论来加快其传承和发展的速度。第八章主要研究地域武术成因和全球化背景下地域武术发展现状、文化价值开发、可持续发展模式的构建,目的是为置身于全球化背景下的不同地域武术的可持续发展提供切实有效的理论指导,从而以地域武术的可持续发展来推动中国武术的可持续发展进程。

　　整体来说,本书的鲜明特点反映在以下三个方面。

　　首先,理论知识全面而系统。本书以全球化背景下的中国武术为研究对象,不仅对全球化基础理论和中国武术基础理论进行了全面阐析,还对中国武术发展的基础理论和中国武术传承的基础理论进行了全面论述,达到了在综合论述研究对象基础理论的前提下提出理论层面的建议和指导性对策的要求。

其次,部分和整体有机结合。本书不仅站在全球化的高度审视中国武术传承与发展的机遇和挑战,还结合全球化背景探寻中国武术传承与发展的路径,此外本书在整体研究中国武术传承与发展途径以及多元体系构建的基础上,还为不同地域武术在全球化背景下的传承和发展指明了方向和对策。

最后,亮点突出。本书的首个亮点是在研究中国武术发展的基础理论时,不仅研究了中国武术的历史溯源、发展现状、发展走向,还全面分析了西方体育对中国武术的影响,具体包括西方倡导的文化价值观念在体育中的反映、西方体育影响下近代武术科学的启蒙、近代武术向学校体育转化的历程及自身演进、现代竞技体育思潮对武术的影响和武术本体异化,这在其他论述中国武术发展的文献资料中极少涉及。本书的第二个亮点是在研究中国武术传承要素的基础上,立足于整体对影响中国武术传承的内部因素和外部因素进行了阐析,为中国武术在传承过程中逐步改进和优化指明了方向。本书的第三个亮点是在深入阐析中国武术传播的概念、原理、对策的基础上,对全球化背景下武术跨文化传播的宏观策略进行了深入分析,不仅结合武术在全球化背景下传播的现实状况,还从宏观层面探析中国武术实现跨文化传播的对策。

总而言之,本书着眼于全球化背景研究中国武术传承与发展的概况,论述和完善中国武术传承与发展途径以及多元体系构建的要点,并为不同地域武术的可持续发展提供理论指导,目的是通过理论层面的研究推动中国武术在世界范围内传承和发展的进程,最大限度地利用在全球化背景下传承与发展的优势条件。

在撰写本书时,作者参阅和借鉴了诸多和中国武术传承与发展相关的文献资料和研究成果,同时得到多位友人的帮助,在此致以诚挚的谢意。因作者水平有限,书中难免有疏漏之处,恳请同行专家以及读者批评指正。

作　者

2019 年 4 月

目　　录

第一章　中国武术概述

为全面而系统地研究全球化背景下中国武术的传承与发展，本章首先对全球化基础知识、中国武术基础知识、武术本体构成、中国武术与传统文化的关系进行阐析，旨在对全球化和中国武术的基础理论知识进行系统性论述，为置身于全球化背景下的中国武术的传承和发展奠定理论基础。

第一节　全球化概述

一、全球化的内涵

20 世纪 80 年代中期，全球化逐渐替代了国际化、一体化以及跨国化，同时演变成一个通用的学术关键词。具体来说，全球化就是指主权国家与国际组织结合具体的利益与需求，以签订协议与制定规则这两种方式来推动生产社会化以及分工发展的客观走向，逐步冲破国与国之间的壁垒，持续朝着世界各个地区扩张和延伸，以及由此形成的世界经济、世界政治、世界文化等多重因素互相渗透、互相依存的状态。

综合分析现阶段形势会发现，全球化已成为必然走向，全球化不但使广大群众的生活发生了翻天覆地的变化，而且对世界的各个层面产生了深远影响。从某种程度来说，全球化为全球文化持续发展和全方位交流创造了良好的条件，其中全球化对国家和民族自身文化发展产生的影响是不容忽视的。

二、全球化的主体

全球化的发动者是资产阶级,发展全过程中的推动者则包括工人阶级、知识分子、管理人员、服务人员等广大劳动群众,所以说全球化的主体是广大人民群众。20世纪末全球化发展的推动者还包括社会主义国家的广大人民。我国加入世贸组织,和其他国家一样有效推动了世界经济的发展,立足于该层面来说,全球化也是特定历史阶段全世界生产力发展水平的象征。全球化萌芽时期的生产力标志是第一次工业革命,具有典型意义的技术是蒸汽机;全球化发展时期的生产力标志是第二次工业革命,具有典型意义的技术是电;全球化形成时期的标志是信息革命,具有典型意义的技术是计算机、信息技术与网络技术。

三、全球化的作用

全球化使人类在经济层面、政治层面、文化层面交流和沟通的深度得到了延伸,人类凭借经济层面的交往可以科学配置世界资源、为经济发展进程和科技发展进程注入推动力、有效减少饥饿和疾病对人类生存发展产生的负面影响。经济层面的交往能促进人类世界的安定祥和,在某种程度上降低战争和冲突给人类带来的负面影响;政治层面的交往能加快人类走向文明的实际速度,为人类社会的自由和民主贡献力量,使人类逐渐和落后统治挥别;文化层面的交往能使人类的灵魂与情操更加丰富,文化多样化交流能产生起到减少人类偏见和推动人类文明发展进程的作用。

但全球化的负面影响同样不容忽视,在民族国家发展失衡的情况下,全球化不可避免地会对主权国家内部政治经济政策产生影响,全球化对民族国家的外在冲击大大增加,诸多情况表明全球化会弱化民族国家政治经济的独立性与自主性。与此同时,全球化使国与国之间在收入方面的不平等现象有所加重,经济一体化产生的收益并未真正被世界所有的民族国家共享,全球范围内的政治交往和经济交往衍生出了强国压迫弱小国家的问题,很多民族国家间的交往依旧是"财富和枪炮说话的世界"①,世界各国在政治层面和经济层面的交往存在秩序不公和缺乏正义的问题。除此之外,全球化造成了民族国家文化自主性的困境,交往过程中不可避免地会产生文化冲突。科学与技术能超越民族和国度,但受自由市场经济产权制度的影响,发展中国家学习和掌握先进技术必然会处在不利位置。

由此可见,全球化对世界的影响是积极作用和消极作用并存的。纵观全球化的交往过程会发现,人类更加重视政治层面和经济层面的交往,并未很重视文化层面的交往,而戴维·S.兰德斯说过:"如果说商品上的互通有无很重要,那么思想上的互通有无更加重要得多。"②原因在于世界发展是政治、经济、文化共同作用下形成合力的结果,不重视其中的某个方面显然是不对的。但不得不说的是,全球化对民族国家产生的推动力仅仅是外在推动力,民族国家政治和经济的发展离不开内在调整,只有这样才能汲取人类社会的文明精华,才能对政治共同体的可持续发展产生积极影响。

第二节　中国武术概述

一、中国武术的特点

(一)动作的技击性

踢、打、摔、击、刺等均为武术运动的动作内容,这些动作内容的显著特征是具有鲜明的攻防技击性。尽管武术套路中部分动

---

①　美.戴维·S.兰德斯著,门洪华等译.国富国穷[M].北京:新华出版社,2010.
②　美.戴维·S.兰德斯著,门洪华等译.国富国穷[M].北京:新华出版社,2010.

作的技术规格和技击原型存在诸多差异,但很多情况下为更加顺畅地连接贯穿以及演练技巧,会把不具备攻防意义的少数动作穿插于套路动作中,但不变的是武术套路动作技术的核心依旧需要凭借具体的招式来呈现攻防。

(二)内容的多样性

武术运动的具体内容与练习形式均具有丰富性特征。当武术项目所属类别存在差异时,动作结构、技术要求、运动负荷、运动风格四个方面会有或多或少的不同。人们应当在考虑自身年龄、身体素质、实际喜好以及职业特征等的基础上选择最适宜的武术项目。需要着重说明的是,时间因素和季节因素对武术运动参与者产生的影响很小,同时这项运动对练习场地和练习器材提出的要求较低,所以逐步形成了广泛的适应性特征,为群众性武术活动的开展创造了诸多便利条件。

(三)讲究形神兼备

形神兼备、内外合一的整体运动观是武术的基本要求。内外合一中"内"指的是人的意识与精神以及气息的运行;"外"指的是人的形体活动。武术中许多拳种的练功准则是"外练筋骨皮,内练一口气"。武术中的套路在技术上特别要求紧密结合内在的精神与外部的形体动作,保持意识、呼吸与动作的协调性。从某种程度来说,这个要求具备鲜明的中国传统文化的特色。

二、中国武术的价值

(一)技击价值

远古时期的武术主要是人类为生存而和猛兽搏斗的技击术,随后原始社会各个部落之间战争的增加在很大程度上推动了格斗技术的发展,武术运动在历史进程中持续发展。由此得出,技击性就是武术的本质。

自春秋战国以来,民间武术和军事武术的分离程度不断加重,两者分别在不同阶层与人群中传播和发展着。在时代持续进步的过程中,很多民间武术家在长期的攻防实践中持续摸索、归纳和整合制胜法则且将其上升至理论层面,大大推动了我国民间武术流派的产生和发展。从整体来看,各个武术流派的技击特征和功法形式有很多不同之处,民间武术特色鲜明的攻防技艺也逐步形成。在现代武术持续发展的过程中,尽管一些本质性东西已经荡然无存,但武术的技击性依旧有迹可循,所以说传承中国武术的技击价值有很大的必要性。

(二)交流价值

中国武术能使练习者之间的交流和沟通有所增强,有效改善人与人之间的关系现状,对民族团结有很大的推动作用。纵观武术运动的发展历程,越来越多的人成为武术运动的参与者。很多群众性武术活动相继开展,"以武会友"是组织和开展各类群众性武术活动的主要目的。志趣相投的武术练习者在切磋武艺的过程中,交际圈也会有所拓展,与其他练习者进行思想交流的过程中,其认知水平也会得到大幅度提升。武术交流能使练习者彼此间更加了解,人际关系现状也会有所改善,最终促进良好社会环境的形成。

在中国武术走向世界的过程中,武术运动在国际层面的交流深度有增无减,在我国学习中国武术的国际友人不断增加,同时各国友人在学习武术的过程中也越来越深刻地领会到我国传统文化的独特魅力。除此之外,陆续举办的规模宏大的武术竞技比赛和武术大会增进了我国和其他国家的交流,对推动中国武术在世界范围内的发展有显著作用。

(三)审美价值

拥有东方哲学意蕴的审美价值是中国武术呈现出的重要价值之一。一直以来,中国武术都高度重视内在的自我充实以及外在的深意表现,目的是逐步达到"形神统一"的和谐境界。这里立足于以下几个层面来阐析中国武术的审美功能。

第一,武术对运动者手、眼、身、法、步等身体动作规范性的要求极高,同时指出习武者内在的精、神、气要与力、功统一,要求习练者要通过外部动作的演练来将自己的精神、节奏与风格体现出来,如此就使得中国武术逐步具备了形神兼备的运动特色及审美特征。

第二,在武术的对抗性搏击竞技中,人体的力量美、灵巧美、速度美和柔韧美均得到充分展现,由此推动人们在对抗环境中深刻体会美且获得愉悦感,武术运动观赏者同样能获得美的享受。

第三,武术中的一些动作是对自然界的各种景象或不同动物的姿态的模拟,通过模拟大自然来表现我国武术独具特色的含蓄美与深邃的内在之美。

(四)经济价值

因为武术活动和广大群众的生产生活存在着多重联系,从某种程度来说经济活动方式是武术活动的重要根基,中国武术经济价值着重反映在以下几个方面。

首先,武术拥有多元化的体育资源,这些体育资源能推动民族特色经济的可持续发展。

其次,开展武术活动能有效推进体育产业的发展进程,经济效益显著的活动有开发武术培训市场、开展有吸引力的武术比赛等。

再次,大力开拓健身娱乐方面与文化教育方面的消费空间,设法使武术文化更加丰富、发展高度逐年上升,由此使广大群众的健康消费需求获得充分满足。

然后,生产武术用品,推动武术用品业的发展。

最后,将中国武术和旅游产业充分结合起来,将武术资源定位成体育旅游资源,并在此基础上大力开发,通过多元化途径为区域经济发展注入活力,提高经济效益与社会效益。

(五)文化教育价值

文化教育价值是中国武术的一个显著价值。深入研究中国武术的技术思想会发现,其中蕴含着丰富的哲学意蕴与伦理道德,同时中国武术明确指出个体发展应与自然相适应、个体要主动掌握与大自然和谐相处的方式方法,这和西方倡导的战胜与征服自然的理念是相反的。中国武术本身蕴含的丰富哲理以及技术传授过程中彰显出来的东方伦理道德观念都对习武者的思想和价值观产生了不容忽视的作用,使得习武者慢慢形成了多重优良的价值取向。中国武术的文化教育功能着重反映在以下几个方面。

1.规范社会行为

规范社会成员的社会行为是中华民族文化的重要组成部分之一,其中蕴含着多重内涵。坚持习练武术不仅能更好地修身,还能有效规范社会行为。

从某种程度来说,中国武术是在古代"礼仪文化"的基础上逐步发展而来的,中国武术中蕴含的武德充分彰显了儒家思想中的"仁"。武术对习武者提出统一自身"德"与"艺"的要求,集中体现了中华民族传统美德,此外武术拜师授艺方面的内容也是儒家文化中"忠恕"思想的反映。

2.培养内心素质

中国武术培养个体内心素质的作用集中反映在武术运动中蕴含着诚实守信、尊师重道、顽强拼搏的中华民族优良传统,这对中华民族的民族性格与思维方式的形成和发展具有深远意义,如我国国民的思维方式是高度重视直觉和实际。就中国武术来说,绝大多数情况下需要习武者凭借以往得到的实践经验来领会武术内在意蕴、美妙意境以及精妙技巧。因此,习练武术的过程不单单是掌握身体练习方法,也是推动内心深化的教育过程。就未成年人来说,我国优良传统蕴含的文化教育价值能快速在未成年人脑海中产生经久不衰的文化接受基础,对未成年人的身体和心理产生深远作用。对于成年人而言,各种传统美德能把良好的伦理品质和人生理念传达给人们,从而使成年人的思想道德水平得到大幅度提升。总而言之,中国武术通过多样化的人体动作集中体现了个体的思想、道德、意念、方式、手段、美感以及文明程度,其具备的文化教育功能在人类多重文化和人类发展历程中都有所渗透。

3.提升意志品质

中国武术能有效提升人们的意志品质,绝大多数武术项目都能从多个层面考验人们的意志品质。举例来说,对于练习武术基本功的人而言,需要克服身体各部位的疼痛感且不断坚持;对于练习武术套路的人而言,需要克服练习过程中的枯燥感,逐步形成能吃苦的优良品质。在坚持参与武术锻炼的过程中,习武者会逐步形成良好习性和意志品质。

(六)强身健体价值

中国武术强身健体的价值着重反映在对人体内外两个方面的影响上:对内产生的影响是调理脏腑、打通经脉、调养精神,对外产生的影响是活动关节、强化筋骨、强健体魄。分析武术运动中的部分动作会发现,练习者要想完成这些动作就要让相关部位主动参与进来,如屈伸动作和翻腾动作等。练习者完成这些动作,一方面能有效强化其肌肉力量、韧带伸展性、关节伸展性;另一方面能强化其神经系统功能、内分泌系统功能、免疫系统功能,最终使练习者体能水平得到大幅度提升。

(七)休闲娱乐价值

在武术运动的比赛和表演中都不难发现,中国武术具有显著的观赏价值:首先,技术动作造型呈现出了艺术美;其次,练习者演练套路的过程中呈现出了形神兼备与内外合一的和谐美；最后，参与武术竞赛的运动员在对抗格斗过程中呈现出了娴熟的攻防技巧以及不懈奋斗的精神美。总而言之，中国武术呈现出的艺术美、和谐美、精神美都获得了广大群众的认可和欢迎，不仅能从精神层面激励观赏者，还能给观众带来美的感受，也能使观众的精神文化生活朝着多样化方向不断发展。

(八)自卫防身价值

不管是武术的格斗运动，还是武术的套路运动，占很大比例的内容均为攻防动作。练习者参与武术运动和逐步掌握某些攻防格斗动作的过程中，不仅能使其灵活性与反应能力得到进一步发展，还能增强其防身能力。倘若练习者坚持不懈地参与系统性武术训练活动，对功力增长、体质增强、防身自卫都有显著的推动作用。

第三节　武术本体的构成

一、技击是武术的本质

在远古时期氏族部落之间的战争和氏族个人之间的私斗中，武术或者军事武艺均是作为一种暴力手段出现的。由于原始社会时期除群体间的争斗存在彼此协作关系，最终还是要面临一对多或一对一的较量，而武术恰恰存在于个体之间的搏斗中。针对部分学者提出的"武术来源于狩猎"的观点，这里认为原始时期的狩猎和武术存在本质上的差异，原因在于原始时期的狩猎旨在猎取食物，狩猎工具往往是劳动工具，而武术旨在守住自身利益或攫取他人利益，所以说武术和直接从事生产性劳动的狩猎存在本质上的不同。换句话说，武术是原始时期人们为保护自身利益而采用的最原始、最直接、最有效的方式方法。发展至今，在无法凭借现代文明手段处理和消除冲突的特定环境下,很多人也会通过这种最原始、最直接的方式来解决问题。

作为原始时期暴力手段的武术,其技击水平随着人们经验的持续累积和生产力水平的持续提高而不断提高。在生产力水平持续提高、私有制和阶级社会相继问世、各个国家陆续起源的过程中,代表统治阶级利益的集团化军事逐渐产生,"军事武艺"和武术分离开来。但经过数千年的发展,维护个人利益与保障个人安全的武术依旧在不同社会阶层中有迹可循。由此可见,只要人类的竞争与利益冲突存在,以技击为本质的武术就会存在。

在中国武术的发展过程中,技击技术逐步产生了很多种形态,主要表现形式分别是赤手空拳和手持器械,目的是遇敌时能"以立攻守之胜者"。古人根据相关韵律要求和武舞形式给人们表演武术中的搏杀动作,主要目的是炫耀武功、鼓舞士气、对对手产生震慑力,这在很大程度上催生了具备表演特性的舞武形式。但值得注意的是,如果武术套路形式没有具备实质意义的技击充当内核,则会发展成"花法舞术"。

必须明确说明的是,技击并非是武术功能,技击是武术和军事武艺与其他人体运动形式的本质差异,所以说技击是武术的本质特征,武术脱离技击将无从谈起。但部分学者提出技击是武术功能的观点,这显然是把武术本质和武术功能之间的关系颠倒了,显示出了其逻辑关系不清的问题十分明显。

二、武德是武术不可分割的内在规定

就现阶段来说,武术理论研究主要侧重于技术层面,很少深层次探究彰显特殊习武群体意识形态的武德。了解武德如何产生、武德对武术技击的实际作用、武术包含哪些详细规范等对深入理解武术的核心结构非常重要。

武德最早出现在春秋战国时期的《左传·宣公十二年》中,发展初期主要是指军队中军人的历史使命、责任、义务和军人价值。在原始社会向奴隶社会过渡的过程中,私有制的产生为阶级的产生创造了条件,这个阶段维护统治阶级利益的军队促使军事武艺和武术出现分离。但个人作战技能依旧对战争胜负有决定性影响。因此,统治阶级通过招纳民间武士来扩大军队规模。

就早期军队的武德和民间的武德来说,两者不仅有共同的形态,还存在彼此渗透、彼此作用的关系。但军队中的武德主要服务于统治阶级政治,多数情况下被统治阶级利用,直接体现统治阶级的意志;而民间的武德呈现出显著的自发性特征和社会世俗性特征,在绝大多数情况下深受世俗道德的影响,武德内涵会伴随世俗道德的改变而或多或少发生改变。

和武术相同,作为暴力手段的军事武艺也具备"杀人夺命"的功能,这是军队必须要用严明纪律发挥约束作用的原因所在,也是作为暴力手段的武术技击和自我约束机制相伴相生的原因所在。武术的技击和武德共同构成武术整体。具体来说,作为技击术的武术属于暴力工具或者暴力手段中的一种,主要包含防御和进攻两项功能,这里所说的技击是物质的手段和有形的手段,同时凭借人体的运动表现出来且存在多元化的表现形式。从另外一个角度来分析,和武术密不可分的武德是无形的,在人的意识形态中存在着,主要作用是对这种暴力的使用范围、使用条件、使用程度、使用策略进行约束。倘若发挥约束作用的武德不复存在,那么习武者往往会按照个人意愿滥用暴力化解矛盾,如此不可避免地会导致社会秩序混乱。但毋庸置疑的是,社会同样会借助公共舆论或者国家机器禁止习武,使武术慢慢丧失生存发展空间。由此可见,武术的自律和他律是其形成和发展的基础性条件,从这个层面分析可知,如果不存在武德,武术也就不存在。武德是作为武术技击的对立面出现的,武德和技击在矛盾的对立统一中组成武术整体。从某种程度来说,武德的形成和发展为中国武术的可持续发展提供了保障,使得武术在漫长的发展过程中始终拥有旺盛的生命力。恰恰是因为武术和武德之间存在着紧密联系,两者彼此依存,缺一不可,所以在每个历史阶段传授武艺时都反复重申"未曾学艺先学礼、未曾习武先习德"。

第四节 中国武术与传统文化关系解析

一、武术与哲学的关系解析

针对武术与哲学的关系,这里着重对武术中的哲学思想加以剖析。

(一)武术与"天人合一"

1. 天人合一概述

纵观我国传统哲学思想会发现,天人合一学说是一项重要内容,具体含义是人与自然应当和谐相处,万物发展应当和自身规律充分吻合,所有人、事都应当自觉顺应自然。

就中国武术来说,天人合一思想对其有多重影响,要求习武者必须顺应自然。一方面,习武者需要在习练武术的过程中使身体和自然和谐相通,达到物我平衡、内在与外在平衡以及阴阳平和,不能违背大自然的规律,详细要求就是习武应当和习武者实际条件、节气特征、地理环境等方面相吻合,违背天时地利必然会对习武者的健康产生负面影响;另一方面,习武者应当对动作的"合"进行不懈追求,在遵循人体运动规律的基础上使自身的动作技法更加完美,最终达到人和自然和谐统一的境界。

2."天人合一"在武术中的体现

(1)"天人合一"决定了习武应顺应自然

从古至今,习武者在练习武术时往往会竭尽全力使身体和大自然和谐相通,顺乎自然,严格遵循自然界的变化规律,目的是达到物我平衡和内外平衡,最终顺利实现阴阳平和。作为一名习武者,在习练武术时要设法使身体和四时、气候、地理等外在的自然环境保持相互协调的关系，结合具体情况和地理因素选择并运用最有效的训练内容和训练手段，在优美清静的自然环境中习练武术，由此将自身的创造力充分发挥出来，促使个体的身体和心理与大自然融为一体。

（2）"天人合一"决定了武术动作的"合"

"合"是中国武术别具特色的技术要求和理论特色，"天人合一"思想渗透在武术运动中反映为追求动作的"合"，具体就是习武者完成的动作应当达到和谐与协调这两项要求。最具代表性的就是"心与意合，意与气合，气与力合；肩与胯合，肘与膝合，手与足合"，从本质上来说就是指从内在的心、意、气到外在的四肢、身体的各个部位都需要相互协调。由此不难得出，协调不仅是人的本能，也是人们经过训练后所获得的促使动作更加完美的能力。

（3）"天人合一"是习武的最高境界

传统武术把"天人合一"设定为习武的至高境界，同时以养生为起点。为达到人和自然和谐的要求，古代习武者致力于在大自然中汲取精华和养分，积极模拟大自然中各类事物的动作、姿态、神情。需要说明的是，中国武术的内涵恰恰是在"天人合一"的境界中变得越来越丰富和深刻。

（二）武术与"形神统一"

1.形神统一概述

"形神统一""形神兼修"是我国古代唯物主义哲学家荀子和范缜对形、神关系的认识和看法。他们认为"形为神之本，神为形之用"，二者相辅相成、对立统一。

武术运动不是机械地进行肌肉运动，通过分析武术技法不难发现其中蕴含着明显的形神统一哲学思想。立足于技术层面来分析，形是指有形的武术动作特征，神是指无形的心理品质与气质；立足于人体层面来分析，形是指身体，神是指心理活动；立足于内在与外在层面来分析,形是指外在的详细运动形式,神是指内在的精神内容。中国武术习练的至高境界是意、气、神、力充分结合、形神兼备。

2. 形神统一在武术中的体现

在形神统一哲学思想的影响下,中国武术把"形神兼修"设定为练功原则,详细内容如下。

(1)中国武术的技术集有形的武术动作特征和无形的心理品质与气质于一身。

(2)对于人体来说,"形"是指习武者的身体,"神"是指习武者的各种心理活动。

(3)对于内在和外在来说,形是外在的具体运动形式,神指内在的精神内容。

(三)武术的阴阳思想

1. 阴阳思想概述

阴阳是集对立关系和统一关系于一体的矛盾体。深入分析自然界各种各样的现象不难发现,这些现象同时存在对立关系和多重联系,从古代开始人们就借助阴阳概念解释自然界中各种事物的对立和消长关系。

阴阳规律是自然界一切事物固有的规律,世界本身就是阴阳两气对立统一运动的结果。对于中国武术来说,倘若参与武术格斗的一方可以达到阴阳转化的要求,其获胜的可能性会大大增加。

2. 阴阳思想在武术中的体现

中国武术在运用太极阴阳学说时,只是把该学说中的"道"字改为"拳"字,并在此基础上提出了"一阴一阳之谓拳"。中国武术"顺阴阳而运动"的思想可在先秦时期的相关资料中找到。

以中国武术"顺阴阳而运动"的原则为依据,所有类型的拳术都需要达到人体阴阳平衡的要求,所以各种拳术均要求习武者"气沉丹田"。在武术技击运动中同样渗透着阴阳学说,习武者完成防守或进攻均离不开阴阳变化。明代中叶,古代武术的发展达到巅峰,但"顺阴阳而运动"依旧是习武者需要遵循的基本原则。

除此之外,阴阳互根、阴阳消长、阴阳转化还是武术技法的基本原理,借此来深入阐析拳技理法,阴阳之道作为武术运动规律渗透在包括八卦掌、形意拳、太极拳等在内的多个拳种中。

(四)武术的八卦思想

1.八卦思想概述

八卦学说是太极衍生出来的产物,很早之前就出现了"无极生太极、太极生两仪、两仪生四象、四象生八卦"的说法。古人指出,宇宙是万物一体的整体,组成宇宙这个整体的各个部分之间存在着多重联系和明显的规律,各个部分是共生共存的关系,八卦学说恰恰就是起源于这种朴素的唯物论与辩证法。

八卦学说对自然界万事万物之间的联系持肯定态度,并指出万事万物的生长都有各自的规律,同时基于事物生长规律来推测事物发展的具体方向,并将事物的发展理解成多重矛盾逐渐走向和谐以及持续往复的过程。

2.八卦思想在武术中的体现

八卦思想为哲学思想的建立贡献了很大力量,并逐步渗透于中华武术的理论体系中,从根本上推动了中国武术的发展。详细来说,八卦和中华武术之间的联系着重反映在八卦掌中,八卦掌是构成武术的关键性部分,其和八卦学说有密切的关系。

(五)武术的五行思想

1.五行思想概述

五行由金、木、水、火、土五种元素组成。五行学说是古人用来认识宇宙与解释万物变化的学说之一,最早记载五行学说的历史文献是殷末的《尚书·洪范》。古人借助类比法对自然界万物进行了归纳和分类(表 1-1),此外详细论述了世界万物相生相克的关系和作用过程。

表 1-1　五行属性表

五行	人体							自然界					
	五脏	五腑	官	体	志	藏	声	方	时	化	色	味	气
木	肝	胆	目	筋	怒	魂	呼	东	春	生	苍	酸	风
火	心	肠	舌	脉	喜	神	笑	南	夏	长	赤	苦	暑
土	脾	胃	口	肉	思	意	歌	中	夏	化	黄	甘	湿
金	肺	肠	鼻	皮	悲	魄	哭	西	秋	收	白	辛	燥
水	肾	胱	耳	骨	恐	志	呻	北	冬	藏	黑	咸	寒

2.五行思想在武术中的体现

武术家以五行结合拳式和人体来解说拳理,同时将其设定为锻炼法则。综合分析将五行学说设定为理论基础的中国武术不难发现,五行拳最具典型意义。一方面,武术家参照五行和五行生克的学说创编了五行拳,还参照中医脏象学说把人体五脏以及五官和五行拳匹配在一起;另一方面,形意拳把五行学说设定为技击理论基础,从某种程度来说是五行之说的综合体,同时具备"形意合一""内外同化"的效果,此外其拳法充分彰显了"阴阳五行生克制化"的变化规律。

二、武术与美学的关系解析

武术中的美学表现是武术与美学关系的集中反映,具体如下。

(一)武术的韵味美

中国武术中的"韵"是指集和谐、整齐、节奏感于一体的美,具体源于中国武术套路上的节奏便捷化和规范化。中国武术的韵味美具体反映在以下几个方面。

1.武术动作的空间层次变化美

以"旋风脚接劈叉"这项基本动作为例,这个组合动作在很大程度上彰显了高和低的层次变化,这种瞬间的时空变化就是中国武术韵律美的反映。

2.武术动作的节奏美

习武者在练习武术套路的过程中表现出动静结合、快慢相间、起落有致、刚柔相济的特征,充分彰显了中国武术鲜明的节奏感,这种鲜明节奏感充分体现了武术技法的攻守效果。

除此之外,中国武术动作在节奏方面的变化如"动""静""轻""重""高""低"等存在着彼此补充、彼此衬托的辩证统一关系,从某种程度来说这也是武术动作节奏感的反映。

(二)武术的风趣美

"趣"是指人们结合自身主观意愿和特定感受,对生活审美感受以及体验进行改造、提炼、熔铸,由此形成具体的意旨,从某种程度来说这是作品再现的独特风致情味。

武术动作汲取了很多来自大自然的自然之趣,将"趣者,传奇之风致"的思想渗透在各项武术动作中,使得动物生性本能得以重现,同时深入提炼了其中蕴含的各项技击法则,象形拳法应运而生。象形拳法作为取动物生性动作形成人体趣乐的活动,从本质上来说恰恰是传统美学作用的产物。

综合分析中国武术的多项动作和技法处理方式会发现,其中都蕴藏着美学的趣味,如很多象形拳术都借鉴并参照了动物本能,同时对武术技击中的手型和身法等进行了加工处理,最终演变成为趣味十足的武术套路,充分彰显了中国传统美学的"趣"之美。

(三)武术的练气美

中国武术的练气之美集中反映在生理之气与生命之气两个层面,具体如下。

1.传统武术的生理之气

气不仅是武术的根本,还是人生命的根源。综合分析我国武术各流派的观点不难发现,这些流派都反复重申了练"气"的深远意义,中国武术的内容与形式同样都借助内外兼修来实现身体健康与心理健康的双重目标,其中内修的重中之重是练"气"。不管是我国武术的哪个流派,都认同练"气"是习武者武功达于化境的重要基础。中国武术的气息练习反复重申要达到自然与和谐这两个要求,这从某种程度来说就是中国武术追求美的一种反映,中国武术通过要求习武者"练气"来彰显习武者生命力的刚健之美和充实之美。

2.传统武术的生命之气

从某种程度来说,中国武术反复强调的练"气"不单单是修炼生成为人的元气,更是修炼个体的生命力与创造力。传统武术对人的生命根基高度重视,并在此基础上指出宇宙的生命就是经久不衰的运动,同时给人带来美的感受。

(四)武术的意境美

"意境"是艺术境界中的一种,多数情况下是指文艺作品中描绘的图景和传达的思想感情充分融合后的产物。意境美不仅是武术自身风格与拥有巨大想象空间的内容,而且深入揭示了中国武术的创造性特点,中国武术的整体意境美大大推动了武术本质和武术套路融合的进程,使中国武术以境感人。传统武术的意境美具体反映在以下几方面。

1.武术套路的意境美

具体来说,中国武术的套路是以特定价值取向与审美需要为重要依据的,对具备攻防价值的技击动作实施艺术加工,同时和演练者、编创者的情感、精神融合,在似像非像中实现"情境"交融,"情""技"交融,神形交融。从某种程度来说,套路的形成和发展使得武术的文化意蕴更加深化,使得武术的艺术成分更加多样化。整体的意境美使武术本质渗透在各式各样的套路演练中,使人们能更加深刻地领会中国武术文化内涵。

2.武术动作名称的意境美

在漫长的行拳实践中,我国古代的民间拳师把客观世界诸多物态或者社会历史中的人物典故入谱,大大增加了拳技功法蕴含的美感,练拳者练武过程中往往能对中国武术的意境神韵有更加深刻的理解和感悟。包括金鸡独立在内的诸多武术动作名称都能使人获得舞台艺术造型美的享受。

从整体来说,武术动作名称具有闻其名如见其形的显著特征,这一方面能使练拳者和看拳者充分享受中国武术独特的意境神韵;另一方面也便于把拳技套路中的文字意蕴传达给练拳者和看拳者。

3.武术拳谚理念的意境美

通过多方面努力,武术拳谚达到了形象化、新鲜化以及情趣化三方面的要求,同时把宽泛、规律性的内容浓缩于严整而简短的短句中,真正达到了言有尽而意无穷的要求。分析诸多武术拳谚理念不难发现,拳谚向人们传达了武术套路的多样化内容与"情节",这里所说的"情节"是武术本质中内含的意境美的集中反映。

(五)武术的形神美

从古至今,武术技法动作都在追求形神之美,很多动作都是在模拟自然界景象或者各种动作姿态中形成的,力求在模拟大自然的基础上充分彰显中国武术的内在美。除此之外,中国武术对抗性搏击竞技中充分彰显了人体力量、灵巧、速度、柔韧四个方面的美,这有助于人们在竞技对抗氛围中获得美的感受以及强烈的愉悦感,观赏者同样能获得美的享受。

各个历史阶段的中国武术都反复重申"神形兼备"的深远意义。历代拳家们指出,"神"是"形"的内蕴和灵魂,如果武术中的"神"消失不见,那么武术中的独特韵味也将不复存在,其也就不再是真正的中国武术。具体来说,"神"是指拳家的内在精神世界,如强烈的攻防意识、优良的道德品质以及审美的人生态度,等等。

一方面,中国武术中的各个拳种都追求内外运动和生命的自由和谐运动相吻合,同时致力于使内部意气的流动与外部神气鼓荡在运动中逐步达到和谐状态,长拳中的八法就是一个典型代表;另一方面,中国武术中阴阳二气运化形成的基本审美特征可以在当前处于兴起阶段且致力于研究生命本质的"耗散结构"学说中获得合理解释。中国武术中阴阳二气的不间断运化,能使习武者的身心在周边环境中汲取能量,同时不间断地耗散能量,从而使人在运动过程中始终处于平衡状态。总之,中国武术的运动形式能使受众产生巨大的审美愉悦。

(六)武术的技击美

中国武术对习武者手、眼、身、法、步等身体动作的规范性提出了严格要求,同时明确指出习武者内部的精、神、气应与力、功有机统一,此外习武者的意念与思维同样要达到相关要求,即习武者应当通过外部动作演练彰显出区别于他人的精神、节奏、风格,这三方面要求使得中国武术逐步形成了形神兼备的运动特色,武术美的特征也逐步形成。武术技法之美集中反映在其大力倡导的"刚柔并济"理念中,武术技术的风格特征直接反映为阳刚与阴柔,具体体现在武术技法的阳刚之美、阴柔之美以及刚柔并济三个方面。

中国武术的发展源远流长,发展至今仍旧表现出旺盛的生命力,一方面是因为中国武术具备健身自卫的实用价值;另一方面是因为中国武术本身就是一项别具特色的表演艺术,可以给人带来美的享受以及愉悦感。中国武术的各方面内容都蕴含着中华民族独有的气质、民族心理、民族美感、民族精神。从本质上来说,中国武术以传统文化为基础,逐步发展成为一种运动美和修养美充分融合的独特美学表现形式。

三、武术与医学的关系解析

(一)武术与医学的自然结合

就体育运动来说,本质上是将自身活动作为基本手段,只有在其有目的、有意识、有规律地和健身医疗有机结合且发展成为养生之道时,才能发展成体育而独立存在。体育是综合性应用科学之一,其可持续发展的一个重要条件是充分借助医学这个基础学科。

中国武术作为一种特色鲜明的体育运动形式,在发展过程中难免会和中国传统医学产生多重联系,中国武术在中国传统医学的指导下获得了良好发展。

从整体来说,中国武术和医学自然结合主要受几项因素的影响:首先,中国武术是中华民族文化在历史发展过程中形成的产物,在其发展过程中只能和中医结合在一起;其次,中医理论的先进性特征使得武术技术的科学性更加显著,即中医学的精华不局限于其对自然、人体、疾病三方面的理解,而是整体观念与辨证施治,更在于其先进的方法论,这些方法论在武术技法形成过程中发挥了很大的启发性作用;最后,中国传统医学和中国武术学练的本质性目标均是提高人们的身心健康水平,而体育运动又和运动创伤存在着千丝万缕的联系,运动和卫生要求相符才能对人体健康产生积极作用。而综合分析竞技体育会发现,其"不养老"问题一直存在且未找到妥善解决的方法。中医和传统武术均高度重视修身与养生,两者的健康理念在本质上是统一的。

(二)武术与医学辩证方法的统一

由于传统中医和中国武术的方法论基础是相同的,所以为两者实现双向渗透和融合提供了条件,具体反映在以下两方面。

1.共同的哲学基础

元气论是中国武术和医学的共同认识论基础,传统医学的构建基础就是唯物主义元气论的哲学基础,同时传统医学的整体综合观和阴阳辩证观具有鲜明特色,指出"精""气""神"是人体三宝,并且这三宝存在互为一体、相互依存、无法分割的关系;中国武术也曾把元气学说完整吸收到自身的理论体系中,并由此形成形神合一、内养性情、外练筋骨的武术思想。

2.共同的辩证观

中国武术和传统医学的辩证观基础都是阴阳辩证观,其中后者是以唯物主义元气论的哲学基础为理论基础而构建的。

3.共同的整体观

传统医学指出,要在立足于全局的基础上把握对患者的医治环节和施治环节。而纵观中国武术理论会发现,其中的"六合"("内三合"与"外三合")不仅和传统医学倡导的整体观不谋而合,还和传统医学的指导思想存在本质上的一致性。

4.追求和谐统一

不管是传统中医,还是传统武术,两者都致力于使机体和大自然实现和谐统一,不仅反复重申要结合个体性别特征、年龄阶段、体质水平、环境条件、气候条件等选择最适宜的医治手段或武术项目,也反复重申要通过壮内与培养真气两种方式达到健内安外的预期效果。

第二章　中国武术历史溯源与发展研究

中国武术源远流长,是中华民族弥足珍贵的宝藏,在我国乃至世界范围内拥有良好的群众基础。本章对中国武术的起源、发展历程、发展现状、发展走向、西方体育对中国武术发展的影响进行深入而系统的阐析,以期为置身于全球化背景下的中国武术的传承和发展奠定理论基础。

第一节　中国武术历史溯源

一、中国武术的起源

对于中国武术的源头,大体能追溯至我国古人的生产活动中。在100多万年前,生产资料匮乏和生产水平低下的现实情况使得人们必须组织和参与狩猎活动,人们在和野兽长期斗争的过程中逐步创造了很多种技法,同时使用武器逐步演变成人们为满足生存需求而战胜野兽的独特方式。在50余万年前的"北京人"遗址中就发现了很多种原始工具,具体包括石锤、石刀、骨器、木棍等。在古人徒手和野兽斗争以及使用器械技术和野兽斗争的经验越来越丰富后,人们开始有目的、有意识地应用这些格斗技术,武术在这种情况下应运而生,这也就是原始武术在生存竞争中的起源。

在原始人群各式各样的生存竞争中,人和兽斗是技术得以产生的一项关键因素,人与人之间的格斗也和武术的产生有直接联系。新石器时代末期,在私有制产生的情况下,各个氏族部落为获得更多的财产和领地常常会进行争斗，原始集团之间组织性强的械斗也就由此形成。原始部族的争斗和战争大大加快了武器制作速度和技击技术发展速度。原始社会的人们为使部族的战争需求得到满足，把磨制锋利的生产工具当作相互残杀的武器，人们使用兵器的技艺和战争中需要掌握和运用的格斗技术就慢慢演变成独立的技术领域。

为进一步满足原始社会战争的需要，随后产生了战争操练的武舞，人们也将其称为"战舞"，具体是舞者手执不同类型的武器完成击刺动作的演练，武舞拥有实战的功利性。

中国武术的起源和包括原始宗教、原始教育、原始娱乐在内的原始文化存在着千丝万缕的联系。巫术与图腾崇拜作为原始宗教的主要形式，多数情况下都是借助原始武舞呈现给大众的。人们在进行狩猎和战争的前后往往会跳武舞，目的是设想自己已经运用击刺杀伐的动作将敌人打败。图腾武舞是原始部落祭祀活动的主要内容，通常情况下会凭借战斗的舞蹈来供奉始祖神物，由此表现内心的崇敬之情。除此之外，教育和娱乐同样是武舞的重要作用，原因在于武舞是将知识、技能、身体训练、习惯培养等方面融为一体的多功能活动。

从整体来说，在我国原始社会生存工具和搏斗技术逐步发展成为战争器械及其技术再发展成为武舞的全过程中，能够分析出中国武术的大体发展脉络，也能对中国武术和原始文化之间的联系形成更为清晰的认识。

二、中国武术发展历程回顾

纵观中国武术的发展历程会发现，其从产生到现在大约经历了三个阶段，其中第一阶段主要指中国武术退出军事舞台前的发展历程，第二阶段主要指 20 世纪到 21 世纪之间的发展历程，第三阶段主要指武术自 21 世纪开始到现在漫长的发展历程，具体如下。

（一）以军事战阵技能和个体实用技术为主的发展阶段

辩证唯物主义指出,事物始终处于持续发展和不断变化的状态下。我们对任何事物都应当历史地分析和发展地分析,对于武术同样如此。一方面,不可因古代武术属于技击术中的一种,就机械地认为现阶段中国武术的性质依旧是技击术;另一方面,不可因现阶段的中国武术的主体性质是体育,就把古代武术也理解成体育。自很早开始,武术都是以技击实用技术的角色存在和发展的。对于远古时期的先民来说,他们为避免受到凶禽猛兽的侵袭而不得不被动自卫。原始人从个体到氏族部落都会因为切身利益组织和参与各式各样的争斗或者战争,这些都为中国武术的初步发展注入了巨大推动力。因此,中国武术是原始人为进一步满足生存需要和自卫需要,在长期参与斗争的过程中逐步形成的。

武术的产生规定着武术的发展。原始人个体间的私斗和氏族部落间的集团战争都在很大程度上推动武术顺着民间武术和军事武术两条线逐步发展。具体来说,民间武术就是个体间与小团体间出现利益冲突时,人们为达到攻防技击目的和防身自卫目的而运用的技术;军事武术就是用于集团战争的军事格杀技术和相关的个体技术。通常情况下,民间武术的大多数技术是个体技术,主要目的是将对方制服;军事武术的大多数技术是群体战阵和协攻协防的技术,主要目的是使对方受伤、残疾甚至死亡。

近些年来,部分学者提出了军事格杀的技术不在武术范畴内的观点,从本质上来说,技击特征是中国武术最显著的特征,冷兵器时代在军事领域产生的群体格杀技术是规模最大的技击,这些群体格杀技术具备明显的技击特征,所以其必然在武术的范畴中。戚继光的《纪效新书》、何良臣的《阵纪》等武术资料强有力地说明了军事和武术之间存在着千丝万缕的联系。倘若把军事和武术视为两个集合,军事武术就是这两个集合的交集。

从广义层面来分析,民间武术是个体"军事",古代乃至现代的很多习武者都想要达到防身自卫的目的,而民间武术恰恰一直沿着攻防技击的方向持续发展。

毋庸置疑,武术在以军事战阵技能与个体实用技术为主的发展历程中,不可避免地受到了我国传统文化的影响,我国传统文化对武术的影响过程恰恰是中国武术在以军事战阵技能与个体实用技术为主的发展过程中与中国传统文化融为一体的过程。

通过上述讨论和分析不难得出,国家或个人用于防卫的工具就是古代武术的本质。

发展至宋代后,火器逐步被应用于军事领域,火器的广泛应用导致军事武术体系呈现出衰退趋势。但需要说明的是,军事武术完全退出军事领域的时间是 20 世纪初。1901 年,光绪帝废除武举制是武术退出军事舞台的重要标志,尽管少数军队中依旧存在作为武术实用技击术组成部分的军警格斗术,但只是小范围的,不能和古代"堂堂之阵"的两军对峙相比。对于小范围内的民间武术发展现状,有学者指出发展至 19 世纪末期,民间武术家依旧或多或少地侧重于应用格斗技能。发展至民国,在西方体育的影响下,中国武术逐步朝着近代体育的方向发展,武术朝着体育的方向发展是中国武术即将迈入崭新发展阶段的重要标志。

(二)以政治和经济工具为主的发展阶段

中国武术的体育化发展过程是一个曲折渐进的过程,具体如下。

1.侧重于政治的发展阶段

有学者认为,西方体育传入中国后,我国着重接受的是形式。体育于 20 世纪初期传入我国,这个时间段恰恰是西方体育在战争和殖民扩张影响下被扭曲成政治工具的特殊历史阶段,率先传入我国的体育是在军国民主义思潮影响下产生的兵操,兵操作为体育形式中的一种在军队和学校中大范围开展起来,开展兵操的直接目的是培养军人。在这一历史背景下,马良创编了"中华新武术",其创编目的是更好地训练军警与学生。

从历史的角度来看,20世纪初期废除武举制与严厉禁武的举措使得中国武术的发展面临很大阻碍,民国成立后中国武术迅速崛起且在20世纪30年代左右迎来新的发展高潮,这和当政者深刻认识到军民国教育价值有很大关系。很多人认为日本在中日甲午海战中获胜的原因是日本大力倡导武士道精神,这些人指出尽管武术在军事中充当直接作战方式的价值已基本丧失,但武术的精神教育价值并未消失,在这种观点的影响下武术慢慢演变成军民国教育的关键内容。1904年,梁启超在《中国武士道》中率先提出发展武术教育的观点,教育家徐一冰于1914年向教育部上书"拟请于学校体操科内兼授中国旧有武术,列为必修科以振起尚武精神",教育部于1915年采纳徐一冰的建议。在当时的社会背景下,各式各样的武术社团和会馆都大力倡导"尚武精神",武术逐步演变成为振奋民族精神、塑造尚武国民以及"强种保国"的教育方式之一,这在很大程度上提高了民国时期武术的社会地位,在中国武术的发展过程中注入了很大的推动力。

发展到民国初期,在国家大力倡导民族精神教育的影响下,基于武术运动的尚武思潮迎来了崭新的发展机遇,尚武思潮在九一八事变后被推到最高点。在"强国强种"观念的影响下,张之江于1928年在南京建立中央国术馆,随后将国术馆推广至我国多个省市和地区,自上而下的全国国术馆系统逐步构建起来,这标志着20世纪武术发展出现首个高潮。

综上分析不难得出,尽管民国时期的武术已经从一门实用技术发展成体育,但推动其发展的主要力量并不是其作为体育项目所具备的体育独有的人文价值,而是其具备的军国民教育价值,即政治价值是武术在那个时期快速发展的关键原因。

在新中国成立初期,我国迫切需要完成的任务是冲破桎梏、采取多元化手段展现新中国形象、提高国际地位,所以体育界大力发展高水平竞技来彰显社会主义优越性就演变成无产阶级的政治需要。除此之外,针对当时我国需要大力发展生产力的实际需求,体育界人士为适应这一需要开始大力发展体育运动和提高全民体质水平,目的是为社会主义建设提供更好的服务。因此,在当时的社会背景下体育理论也顺承锻炼身体、增强体质、用于生产、增加财富的发展思路,此外很多和娱乐、休闲、享受、资产阶级味道有关的学科理论被舍弃。

针对包括武术在内的民族体育的发展态势,《新体育》1953年的一篇新社论指明了新方向,随后武术套路逐步变成武术发展的主流,同时呈现出良好的发展态势。但值得一说的是,这个时期蕴含着浓厚传统文化色彩的传统武术遭到冷遇,很多优秀拳种在"文革"时期被打入冷宫。

20世纪70年代的"乒乓外交"在很大程度上改变了我国的外交局面,此外中国武术队陆续出访也发挥了很大的作用。举例来说,1973年中国武术代表团访问美国并受到了尼克松总统的接见,中国武术代表团在这一时期先后访问了世界多个地区,充分彰显了新中国的新形象。

以上也间接揭示了那个时期竞技武术套路演变成武术发展主流的原因,即竞技武术套路能向世界展现新中国的新形象,能有效提高新中国的国际地位,其发挥的政治作用尤为显著。

自我国实施改革开放政策开始,从我国体育代表团出征奥运会的过程中发现,发展高水平竞技运动和增加金牌数量成为世界各国展示综合国力的一种方式,诸多国家纷纷踏上竞技体育发展道路。从我国整体情况来看,竞技体育进一步唤醒了广大国民的爱国热情,对我国民族凝聚力的增强产生了显著作用;具体到我国各省(市),各地领导开始把注意力聚焦到全运会上,他们尝试通过大力发展竞技运动和增加金牌数量来显示政绩,全运会中的竞技武术自然也被高度重视。

通过上述分析不难得出,在西方体育的影响下,逐步朝着体育方向发展的武术倾向于为政治服务,政治需要对武术发展好坏有决定性作用。因此,当下我们要从历史的角度分析20世纪的中国武术。综合分析当时的情况会发现,密切联系当时的社会背景、对中国武术的政治功能予以高度重视、深入探究体育的军国民教育价值、积极向世界展现新中国的新形象,符合我国国情和整体发展局势,也是中国武术发展历程中的一个正确选择。

2.侧重于经济的发展阶段

发展至 20 世纪末期,相关学者在总结我国近一世纪的发展情况时指出,自进入 20 世纪以来,西方体育从各个方面侵入东方,20 世纪初期被引入我国且深受军国民思潮浸润的兵操使得提高国民体质水平的生物体育观延续到今天。随后,在竞技运动大批量传入的背景下,我国出现了追求金牌而忽略体育人文价值的问题。在即将进入 21 世纪时,许多学者都对体育的人文价值进行了深层次探讨。在历史车轮持续前进的过程中,高度重视中国武术的人文价值成为武术的发展走向之一。

当中国武术的人文价值初步受到重视时,中国社会正式进入大力发展市场经济的新时期,市场经济浪潮对社会各个方面都产生了很大影响,中国武术也不例外。20 世纪 90 年代,足球运动以及诸多体育项目都纷纷走上职业化发展道路,中国武术也开始思考进入职业化领域。在 20 世纪和 21 世纪交汇的时间点上,中国武术和国外技击项目对抗赛的开展以及散打王争霸赛的运作标志着中国武术正式踏上商业化和职业化的道路。竞技武术套路同样以该角度为立足点,为充分彰显中国武术的艺术性,开始对中国武术的场地、服装、器材、音乐、演练场景进行系统而全面的包装。兴起时间较短的传统武术赛事同样呈现出了良好的发展局势,也在逐步向这个方向靠拢。

在体育朝着职业化和商业化方向发展的过程中,竞技体育中的商品意味愈发浓厚,很多人使出各种手段赢取金牌,弄虚作假、不公正比赛、使用兴奋剂的事件相继被曝光。对金牌和附属利益的过度追求,使得原本作为竞技主体的运动员成为体育竞技的工具,沦为金钱与物质的附属物品。这些负面问题诱发了有技术无理想、有金牌无品德的体育异化现象,人体和精神背离发展的不正常现象越来越多。具体到我国,最早踏上职业化发展道路的足球运动出现的很多负面新闻都是经济利益驱动的结果。就我国民间来说,各个地区的武术馆校追求利润最大化,此外很多民间拳师甚至明确指出传授一个招式的具体价格。在全运会和省运会等诸多重要的武术赛事中,很多运动员为在比赛中获胜甘愿付出任何代价,原因在于他们的比赛成绩和奖励金额直接相关。学术界的很多学者和研究人员同样存在急功近利的心态,都自觉转移到研究武术产业化和武术职业化的阵地上。包括中国武术在内的诸多体育项目纷纷演变成很多人获取经济利益的工具。

毋庸置疑的是,经济利益驱动力持续增加对中国武术的发展产生了不容忽视的催化作用,武术同样能作为赚钱的工具,我国允许相关学者参与到武术产业化的研究中,但不应将其作为武术发展的主流,武术发展的永恒主题应当是回归至文化层面、植根于文化、立足于文化视角探索研究方向。

(三)以追求自然、和谐、休闲等文化因素为主的发展阶段

相关学者提出,政治和经济对竞技运动产生的影响犹如一把双刃剑,产生巨大推动力和产生负面影响的情况均有可能发生,既有可能是外部推动力,也有可能是内部肿瘤。未来体育不应只侧重于探索彰显本国国际地位、实现政绩最大化、获得最大利润的方式方法,应当从服务于政治和经济的漩涡中逐步回归到以人为本、健康第一、服务于提高人民生活品质的文化层面。进入21世纪后,体育界诸多学者呼唤体育人文精神,这无疑会对中国武术今后的发展走向产生启示作用。

体育服务于政治与经济绝非只是历史现象,也绝非是亘古不变的。尽管政治与经济能对体育发展产生或多或少的推动力,但是无法涵盖体育休闲文化本质。在生产力迅速提高和物质财富日益丰富后,同时在体育休闲时代越来越临近的情况下,广大群众在武术方面的需求呈现出和谐、统一、自然的走向,人们越来越青睐中国传统文化特色鲜明的武术。就当前来说,有很多国际友

人来我国潜心学习中国文化特色鲜明的传统武术,中国很多传统武师在世界各国有着极高的地位,这从某种程度上彰显了拥有中国传统文化特色的中国武术在今后的巨大发展潜力,所以说蕴含中国传统文化特色的武术拥有广阔的发展空间。具体来说,被广大群众誉为"君子之争"的太极推手已经逐步发展成群众首选的活动方式,太极拳别具一格的健身价值在20世纪初期的"土洋体育"之争中就被研究证实,毛泽东同志和邓小平同志也在新中国成立后肯定了太极拳的价值和作用。作为诸多健身运动中的一种,太极拳是任何体育锻炼形式都无法替代的,当前的太极拳具有巨大的影响力,统计显示群众学练太极拳运动的国家和地区已经达到一百多个。相关报道指出,美国宇航员遨游太空前都会学练太极拳,原因在于太极拳运动适合在失重情况下练习。非竞技性的太极推手属于太极拳系中一个训练听劲和化劲的中间训练环节,其不仅蕴藏着鲜明的中国传统文化特色,同时比单方面的套路运动更有趣,所以逐步演变成当代人优先选择的一种武术活动方式。

就当前来看,攻防技击类武术将成为青少年群体展示攻击本能和掌握自卫手段的一条途径。相关调查结果显示,当前很多高校学生认为武术初级套路很乏味,而对武术的散打表现出了浓厚的兴趣,仅有少数发展速度缓慢且相对闭塞的学校的武术课仍然在压抑学生的兴趣,强制学生学习20世纪50年代创编的初级套路。一些学生去武校学习跆拳道和拳击来满足自身欲望的现象充分说明青少年群体在武术方面的实际需求。出现这些现象的主要原因是,武术套路练习对参与者的基本功提出了很高要求,参与者要想掌握好和练好就必须克服多重困难,此外武术套路练习十分枯燥,而包括散打、推手以及短兵在内的开放性活动能有效激发学生的兴趣和主观能动性,所以开放型武术和体育人文发展走向更加吻合,未来市场空间也很广阔。

综合分析体育发展的整体趋势不难得出,竞技武术终将冲破政治经济的锁链,逐步回归到以人为本的文化层面上。从某种程度来说,竞技武术应当是深入发掘个体在套路演练中或技击对抗中能力极限的武术,应当是彰显人体至高竞技能力的武术,应当如诸多竞技体育项目那样聚集着人类良好的意志品质,所以说今后的竞技武术应当着重彰显自身的文化价值,而不是政治经济价值。在时代车轮不断前进的过程中,越来越多的人意识到竞技场是人们各种原始攻击形式的替代物,同时凭借文化性的仪式和规则逐步升华。竞技比赛把攻击性逐步引至有益的渠道,并不是要从肉体上消灭同类,而是在公平竞争的基础上使对手自愿承认获胜者在体格方面与智力方面的长处。相继开展的各类竞技比赛充分彰显了维护人类和平在社会层面的深远意义。观赏是竞技比赛在人类精神需要层面的独特价值体现,观赏价值会伴随竞技比赛水平的提升而提升,当前观赏竞技比赛正逐步发展成现代人精神生活中的重要组成部分。在社会持续发展的过程中,竞技武术和竞技体育相同,其作为政治与经济工具的形象正在慢慢淡化,并且逐步回归至以人为本的文化层面上。

综上所述,今后武术的"工具"形象将会逐步淡化,并且朝着"以人为本"的文化层面逐步发展,如此就会推动武术慢慢过渡到以追求自然、和谐、休闲等文化因素为主的发展阶段。但需要明确的是,中国武术从第二个发展阶段过渡到第三个发展阶段并非是在极短的时间内完成的,过渡过程可能要耗费很长时间,这主要取决于社会发展速度、武术工作者的研究成果、决策部门引导作用的大小。

辩证唯物主义指出,事物之间存在着普遍性联系,作为社会大系统中的武术自然也会受到这个大系统的影响。在社会不断发展、生产力日益发达、物质财富不断积累的过程中,当广大群众的主导性需求由物质需求转变成精神需求时,当广大群众无法继续承受因竞争产生的精神压力、无法继续忍受重物质轻仁义的社会现状时,人们会自觉淡化看重经济效益和侧重于竞争对抗的心态,主动调整为追求自然、和谐、统一的社会环境的心态。在当前的社会大环境下,中国武术由第二个发展阶段过渡到第三个发展阶段已经成为必然趋势,武术界学者在现阶段的呼声相当于量的积累和理论层面上的准备,社会条件允许就必然会出现质的飞跃,各项理论会在决策部门的指导下变成现实。

第二节　当代武术的发展现状

一、武术不够时尚

武术是中国传统文化的重要组成部分之一,武术形成和发展的过程也是不断适应我国不同文化现象的过程,经过长期发展和适应逐步形成了多样化的拳种和练功理论,特色鲜明的练功方法和别具一格的运动形式也逐步形成,这是存在于我国的一种文化现象。但有可能是因为中国武术蕴含着厚重的中华文化,所以当代人忽视了中国武术和当今时代文化的结合,这是一种遗憾。综合分析跆拳道和空手道等项目会发现,这些运动项目以其简便易学的形式得到了青少年群体的肯定和欢迎,特别是跆拳道仅在短短几年的时间内就在我国多个城市迅速发展,逐步成为青少年群体追求的"时尚"运动。武术运动参与者多了解跆拳道就会发现这项运动的简单性特点十分鲜明,但如此简单的运动形式却在武术文化源远流长的中国快速发展起来,除了跆拳道推广模式发挥作用以外,主要因为跆拳道的各项特征使现代人的审美需求得到了满足,并逐步发展成一种时尚。跆拳道在中国的推广和发展恰恰说明中国武术的推广思路有待完善,我们不能在致力于推出沉淀数千年的中国武术时忽略了时代需求。

二、对武术的整理过于书面化

就现阶段来看,传统武术中发展最好的莫过于太极拳,主要原因有影视宣传作用显著、太极拳拥有健身价值、太极拳和中老年人强身健体的需求充分吻合,但最重要的原因是太极拳理论基础丰富而完整,同时诸多有识之士都付出了很多努力。中国武术的拳种有很多,将这些拳种全部推出显然很难,但挑选几种符合多个年龄段群体需求的拳种进行重点宣传和推广是比较容易实现的,宣传和推广中仅仅找出相关拳种的历史资料、拳谱、照片、套路显然无法达到预期效果,相关人士应当理清中国武术的技术技法特征和功法特征,深层次剖析各项技术形成的阶段以及每个阶段的训练内容和训练手段,此外在参与武术练习的实践活动中积极改进、整合、优化具体拳种的理论体系,加大对该拳种后备人才的培养力度,这里所说的培养应当包含技术培养、功法培养、理论知识培养等,有目的、有意识地传授已经挖掘且经过整理的传统项目,从根本上改善中国武术的传承效果。

三、武术受新型娱乐设施的冲击

纵观中国武术的发展历程会发现,武术发展唯技击论的导向是一个重要阻碍,同时很多人固执地认为武术等同于技击。不可否认,中国武术确实具备技击性特征,但是武术的唯技击论对其发展进程产生了很大的限制作用,原因在于当下有无数体育休闲项目能满足广大群众的休闲需求、娱乐需求以及健身需求。从某种程度来说,武术难练、难学、见效慢这三个方面的不足加大了武术适应社会节奏的难度,很多兴起时间较短的健身项目都对中国武术造成了猛烈的冲击。在社会持续进步和广大群众生活节奏持续加快的大背景下,包括健美操和网球在内的诸多西方健身运动进入中国人的视野中,中国武术受到前所未有的冲击。对大众健身人群进行调查发现,多数人都倾向于选择简便易学的健身方式,将武术选定为健身方式的人不多,这就是武术在当下面临的危机。如果不把时代特色鲜明的内容赋予传统武术,武术运动的群众基础难免会越来越薄弱,武术将会被兴起时间短、简便易学的健身方式替代。

四、"神秘感"对武术发展有消极作用

在大众的认知里,习武之人往往隐居于山林深处和寺庙净土之地,同时只有得到很多奇缘的天才才能真正悟到中国武术的真谛,才有可能成为武术界大师级人物,多数人对武术的评价是变幻莫测、高不可攀、飞檐走壁,所以说原本真实的中国武术被人们蒙上了一层神秘的面纱,武术成为虚无缥缈的化身。

但我们需要清醒地认识到,"神秘感"过头会影响广大群众对武术形成客观而清晰的认识。举例来说,如果习武者旨在追求想象中的"武林神功",那么他经过长期艰苦习练后会发现自己掌握的"功夫"和想要获得的"武林神功"有很大差距,这无疑会使这些习武者失去习武的信心,逐步形成对武术悲观失望的态度。这种心理落差和悲观失望情绪是很多习武者不能坚持习练武术的一大原因。

五、现代传播媒介为武术神秘之树"施肥"

整体来说,武术影视作品和武侠小说在扩大中国武术影响力的同时,也因片面性、夸张性、多样性的传播方式使武术功力被虚拟化和扩大化。近现代的绝大部分人对中国武术的认识都是在民间武林传说、武侠小说、武术电影电视中获得的。举例来说,《江湖奇侠传》的问世有效扩大了中国武术的影响力,《少林寺》等诸多武术影视作品深受广大群众的认可和欢迎,包括李小龙、李连杰、成龙在内的武术明星为中国武术在世界各地的传播和推广贡献了很大力量。但这些方面的推广使得武术充满了神秘感。因此,现代传播媒介等同于给充满神秘感的武术之树"施肥",从而进一步增加了武术的神秘感。但武侠小说和武侠电影中或多或少有不同于真实武术的地方,这些不同之处在很大程度上夸大了武术的客观功效,造成人们未能对武术形成正确认识,这难免会对武术的大范围推广产生消极作用。

第三节 当代武术的发展走向

针对当代武术的发展走向,本节逐一对传统武术发展走向、大众武术发展走向、竞技武术发展走向以及学校武术发展走向进行详细而系统的阐析。

一、传统武术的发展走向

传统是时间概念,历史的事物发展到当下会被纳入传统的范畴,当下的事物发展至若干年后也会被纳入传统的范畴,同理当下的竞技技术在百年后会被后人叫作传统的竞技武术,但百年后被称之为传统的竞技武术和原本意义上的传统武术是有差异的。当传统武术作为一种特指的名词概念时,具体含义是自明清以来凭借家传形式表现的流派武术。

虽然竞技武术允许多个拳种同台较技,但竞技武术致力于追求统一尺度下标准化的武术,同时其要求评判标准仅能是一种尺度、一种标准。倘若不同武术流派都根据自身的标准来展示,则可将其判定为非真正意义上的竞技。

传统武术是世代武术大师积极传承后遗留给后代的巨大文化财富,劲力和招法精妙绝伦、哲学思想丰富、富有美学意蕴的传统武术是名副其实的非物质文化遗产。

但必须重申的是,历史拥有鲜明的荡涤性特征,并不是所有传统武术都应被纳入后人积极传承的名单,很多价值偏低、技术有待完善的传统武术和时代发展节奏明显不符,所以淘汰一部分实属正常现象。但当代人必须自觉传承优秀的拳种、绝妙的技术,一旦流失就会成为遗憾。

当代人保护和传承的传统武术,不只是要具备历史"沧桑"的价值感,更要为后人的探索、研究提供便利。

原汁原味的传统武术不仅具有历史"沧桑"的价值感,更便于后人去探索它、研究它、发展它。但并不是说寻根意识和当代意识是对立和冲突的关系,当代人应当致力于探寻本根,尽最大努力根据原貌保存和保护,重中之重是务必在寻根溯源的过程中积极完成再创造。借助非物质文化遗产的形式保护传统武术是一项重要任务,科学创造置身于历史大潮中的传统武术并使其符合时代发展走向同样是一项重要任务。

在创造传统武术的过程中,当相关人士的层次、阅历以及文化资质存在差异时,他们创造出的新武术同样会有很大差异。我们无需将过多精力用于批判竞技武术运动员习练的传统武术"四不像"问题,只要竞技武术运动员自觉向民间拳师请教和学习,他们必定会凭借自身较高的综合素质在创造和继承传统中获得理想成绩。倘若竞技武术运动员以敷衍的态度参与比赛并获得相应资格,以骄傲自满的态度向民间拳师请教相关问题,那么他们创造出的新武术就犹如无本之木。

二、大众武术的发展走向

大众和群众这两个词语有很大不同,大众着重指西方民主制度下的最大多数人群,和大众对应的词语是精英。换句话说,大众不存在官民之分,当政界的社会精英作为大众体育参与者时,同样是大众中的一份子。大众武术与竞技武术或者民间流传的传统武术不同,它源于最大的人群中,从本质上来说就是生活中的武术。

一些人以为降低竞技武术的难度即可推向大众,但并不意味着大众会接受,原因在于其模式不对,其并非一种大众亲自创造的技术模式。与此同时,大众武术并非传统武术,现实情况表明传统武术拳师门下的徒弟呈日益减少的趋势,主要原因是传统武术未能及时优化,未能紧跟时代节奏,这就造成多数人远离传统武术、极少数人痴迷于传统武术或作为非物质文化遗产传承人继承传统武术的局面。

大众武术是时代的武术,应当成为广大群众日常生活中的一个组成部分。如果人们对大众武术有浓厚兴趣,必然会有很大的主观能动性。如果人们需要大众武术,必然没有动员的必要性。有关人员应当立足于崭新的视角全面思考大众武术的模式、方法、内容,坚持不懈地完成相关的试验和更新工作。至于大众武术应当有多少养生价值、多少审美趣味、多少时尚象征,则需要武术工作者付出更多的时间和精力来研究和实践。

大众武术对构建和谐社区发挥了很大作用。举例来说,木兰拳作为适合中年妇女锻炼身体的一种运动方式,虽然某些内容和传统武术基本特征不吻合,但其形成后深受广大群众的肯定和喜爱,不得不说木兰拳是一项可喜的创造。

三、竞技武术的发展走向

通过归纳和整合发现,广大群众对竞技武术的主要看法是成材难、发展成高水平运动员的难度大、周期长、淘汰率高、比赛观众屈指可数。就比赛观众少的问题,一方面是因为比赛枯燥、雷同、吸引力不足;另一方面是因为观众看不懂比赛。

但作为现代人不应遗忘竞技武术在成长初期的状态。不可置否,竞技武术是西方体育影响下形成的产物,西方体育不仅使武术传承方式由师徒传承变成学校集体教学,还提出运动员要在遵守相关规则的前提下参与武术比赛,提出武术运动要实行标准化,要在动作规格、难度动作以及演练水平三个方面多下功夫。

我们每一个人都应当从历史的视角看待竞技武术,当武术在民间处于最底层时,以武谋生的人往往是保镖、护院者、教拳卖艺者,武术作为一项社会生存技能其地位必然比较低下,武术被高度重视是在国家大力倡导"尚武精神"的历史阶段,但武术在多数时间内都处在底层。武术可以从民间底层发展成国家大力开展的一项体育项目,无疑实现了质的飞跃,武术服务于国计民生且是中华民族弥足珍贵的精神财富。

诸多现象证实，竞技武术的确存在不中不洋、四不像、为进军奥运会"削足适履"的问题，但我们应当换一个角度把竞技武术当作是武术中的一个分支。但把竞技武术视作当代武术的唯一必然不妥当，同时竞技武术在改革过程中的弊端也是不可否认的。

竞技武术应当存在，但存在的关键和根本是与传统武术充分结合在一起。对于竞技武术来说，当务之急是厘清和把握武术的规律，积极主动地挖掘和吸收传统武术的精华，竞技武术脱离传统武术的后果是越走越偏。竞技武术只有和传统武术相结合且深入挖掘和整理传统武术的成果，才能免于被入库封尘，才能始终拥有旺盛的生命力。武术界的相关人士应当鼓励和督促高水平运动员扎根民间潜心学习，对在民间整理出的资料进行提炼与选取，由此使当今的武术套路更加丰富多彩。

每当作曲家前往民间采风时，都会最大限度地汲取民间万事万物的精华和养分，由此编创出百姓喜闻乐见的歌曲，这值得武术教练和武术运动员学习和借鉴，此种方式能使自选套路蕴含的武术特色更加鲜明、文化底蕴更加深厚，此外能有效推动传统武术的创新和完善。

四、学校武术的发展走向

学校武术是大众武术的一个重要分支，学校武术的开展和普及至关重要。日本柔道和韩国跆拳道都已经是学校的专门课程，原因在于普通教育是所有人都需要经历的，抓好学校武术是扩大武术普及范围的一条有效途径。

学校是发展民族传统体育的重要阵地，将武术传播至学校具有战略性意义。站在历史的角度来审视，中国武术往往是在民间下层社会传播，封建社会中几乎找不到学校武术的踪迹，这大大增加了武术传播至上层社会的难度。将武术传播至学校的意义是：一方面能使潜在的社会名家逐步演变成武术教育的接受者；另一方面能充分挖掘某些特定人群在武术未来发展之路上的价值。教育发展到今天已经很发达,绝大多数人步入社会前都会接受学校教育,所以说学校是不容忽视的大型传播阵地,具备人员集中、人数众多这两重优势。综合分析发现,很多发展势头大好的运动项目都是把学校设定为传播起点,在此基础上慢慢传播到社会各个角落。通过分析足球运动、橄榄球运动、德式体操、军事学堂的兵操等诸多运动项目和游戏发现,它们都是在发挥学校中介作用的基础上逐步向高水平竞技项目过渡。很多民族体育项目在各级各类学校大范围推广、普及、训练、提高、完善之后,逐步在体坛中占据一席之地,随后逐步发展成全人类共同享有的体育文化财富。纵观已经成功进军奥运会项目的日本柔道和韩国跆拳道会发现,这两个运动项目都是在充分发挥学校对青少年的传播作用后,由在青少年群体中传播过渡到在社会各界人士中传播再到走向世界。在竞技武术呈现出良好发展势头的情况下,学校武术的发展现状有待改善。学校武术要想实现可持续发展,就必须全面、真正地走进学校,通过多元化途径使自身成为深受学生喜爱的运动项目,此外诸多研究成果也提出了发展学校武术的深远意义。从整体来说,武术向学校传播的过程中,应当认真完成以下几项工作任务。

(一)使武术真正走进学校

设法获得教育部的支持,促使武术真正走进学校体育课堂。要想使武术真正走进学校需要妥善处理好两项问题:第一项问题是师资问题,即各级各类学校都需要有专门的武术教师;第二项问题是课程内容,即选择哪些武术内容在学校传播。学者郭玉成在国家武术运动管理中心了解到,发展学校武术已经被提到工作日程中来,同时已经初步取得成效。值得一说的是,学校武术的内容务必和大学生、中学生、小学生的体质特征相符,不仅要达到典型性要求和安全性要求,还要集文化性、体育性、娱乐性、技击性这四项特征于一身。

(二)充分发挥武术的文化教育功能

中国武术是文化艺术项目中的一种,文化艺术教育能为民族精神的弘扬和民族凝聚力的增强发挥积极作用。纵观我国政府部门近些年制定的相关政策会发现,中宣部和教育部等多个政府部门都在适度增加武术等内容在体育课中的比重,同时还把武术教育设定为弘扬和培育民族精神的一条途径。

从根本上来说,通过文化艺术对民族精神进行培育和弘扬始终是社会主义文化建设的关键性课题。保存和维护民族文化艺术以及推动民族文化艺术走向世界的过程,都是对民族文化和民族精神进行弘扬的过程。中宣部和教育部将培育和弘扬民族精神的实施对象设定为青少年群体,究其原因,我国各级学校在很长时间内都高度重视应试教育、忽视素质教育,这造成很多青少年对中国传统文化的认识较少,少数青少年甚至存在数典忘祖的问题,这些方面的问题使得我国多个领域的拜金主义倾向和享乐主义倾向十分明显,在很大程度上冲击了传统文化的价值观念,而这种世界观和价值观对青少年群体产生的影响十分深远。一旦没有优秀文化和高尚精神来引导青少年,就会大大增加青少年的迷茫感,这种情况下在青少年群体中培育和弘扬民族精神就显得十分必要。在学校诸多课程中如语文课、历史课、德育课以及集文化教育和身体教育于一身的武术课等都可以渗透民族精神教育。详细来说,中国武术蕴含着很多传统文化,武术教育的本质就是全方位的传统文化教育,切实有效的武术教育可以很好地培育和弘扬民族精神。

但需要补充的是,开展和实施武术教育的过程中要把武术的教育作用发挥得淋漓尽致,将武术教育在弘扬民族精神和增强民族凝聚力两个方面的作用发挥至最大,这不但是学校传播的可行性策略,而且是中国武术应当肩负的历史性使命。

(三)广泛开展学校武术比赛

开展学校内外的武术比赛,可以为学校武术的开展注入巨大动力,原因在于以比赛的形式传播武术能对人们产生强有力的吸引力,进而大幅度增加武术练习者的数量。可供学校选择的比赛形式有很多种,如组织全国性的武术比赛,或者组织地方级的大、中、小学生武术比赛等。

(四)实行组织传播方式,开展会员制

相关人士应当在各个学校建立武术协会并实行会员制,坚定不移地走群众组织道路。多项调查结果显示,武术会员制作为一种传播方式能获得理想的传播效果。在开展武术会员制的过程中要充分发挥引导性作用,有目的、有计划地在我国各级各类学校中全面实行,也可以允许各武术协会组织不同形式、不同规模的武术赛事。

第四节　西方体育对中国武术发展的影响

西方体育对中国武术发展产生的影响不仅反映在其提倡的价值观念上,也从内容、形式、方式方法等多个方面体现出来。

一、西方提倡的文化价值观念在体育中的表现

西方近现代文化主要是从古希腊罗马的异教文化发展至以希伯来信仰为源头的中世纪基督教文明后逐步演变而来的。发展至今,在西方文化中活跃指数高且影响力显著的文化分别是古希腊罗马文化和基督教文化。详细来说,古希腊伦理学和价值观的基础性特点是尚知和崇理,而基督教的兴起和西方价值观念存在着紧密联系。西方人在接受和推崇基督教精神的过程中,经历了由自我肯定到自我否定的过程。深入剖析西方文化会发现,其主要在理性和信仰中、在对尘世生命的讴歌和对永恒生命的希冀中汲取活力。启蒙精神的兴起促使文艺复兴和宗教改革又一次开启了价值大转换的进程。以东方文化为比较对象,西方文化精

神不但反映为实证且理性的科学精神,而且反映为致力于追求个人权利、平等、个性全面绽放的民主自由精神,这里所说的两方面精神恰恰是中国"五四"新文化运动大力提倡的民主和科学。

西方文化渗透在体育文化中的集中反映是:由多个宗教情节组成的宏大仪式,公平竞争中优胜劣汰的比赛形式,体现民主的法权思想的竞赛规则,充分彰显个人英雄主义与团队协作精神的项目设置,等等。

二、西方体育影响下近代武术科学的启蒙

"土洋体育之争"为近代武术逐步达到科学化要求拉开了序幕。苏恒东指出,推动西方体育发展的因素有很多,这也是西方体育能伴随科学进步而持续进步的重要原因。随着时间的推移,越来越多的人意识到,对于武术只有"——拿出科学证明",才能对武术本身的价值和作用形成深入而全面的认识,如果在武术改进过程中不运用科学可行的方法,必然无法摆脱完全失传的命运。

三、近代武术向学校体育转化的历程及自身演进

就古代武术来说,主要传播途径分别是在军队中传播和在民间武术社团传播。安福系军阀马良是近代在学校传播武术的第一人。1910 年,陈英士、霍元甲等创办的"精武体操学校"(后发展成精武体育会)是将武术教学设定为主要活动的专业性学校,该学校宣扬"尚武健身、实现强国、抵御外侮"的观点,高薪聘请南北武术流派中有专长的教师,在坚定不移地继承优良传统的基础上开展关于中国武术的挖掘工作、整理工作以及传播工作,这对中国武术在此之后的发展产生了多方面、深层次的影响。1906 年,由湖南高等实业学堂主办的长沙校际运动会上出现了武术表演的踪迹。在这个时间段内,很多学者立足于武术能提高人们体质水平的层面阐析武术的独特作用,目的是对武术和近代体育的一致性进行更加细致的分析。全国各级各类学校通过聘请拳师和

教习武艺等方式,有效拓展了中国武术在学校中的推广范围。在长年累月地向学校传播近代武术的过程中,马良创编的"中华新武术"经过多次调整后得到大范围的推广和普及,后来顺利通过了北洋政府教育部的审定,并且于1917年被陆军部咨行训练总督和警察总监定为军警必学之术,同年还规定"新武术"是全国学界的正式体操,同时向社会各界推广。具体来说,新武术的素材是传统武术,形式方面充分借鉴和汲取了兵式体操的操练特征,此外在分段分解的基础上还搭配了简洁明了的口令,严格遵循了循序渐进的教学原则,为团体教学与操练提供了诸多便利。

综合分析得出,在中国武术向现代体育转变的过程中,传统武术的传习内容、传习形式、传习手段都发生了本质性改变,具体见表2-1。

表2-1 传统武术向近代体育转化的过程中内容、形式和手段的变化

		传统武术	体育化武术
主体价值 目标		以搏击为核心 防身、健身、修身于一体	以健身为核心 娱乐
师徒关系	伦理关系	模拟家庭血缘关系;师徒如父子	新型师生关系
	关系建立	拜师择徒双向选择	校方既定的师生关系
	确定仪式	择徒—递帖—拜师	没有形式
教学过程	传习方式	师父言传身教	课堂教学
	组织形式	个人或几人秘密授拳	集体公开授课
	习练时间	冬练三九、夏练三伏,常年习练,终生不尽之学	定点、定时、课时教学,固定学期
	场地	秘密、林中土场地,人少僻静	公开、体育馆或室外场地
习学内容	武德 伦理	忠、信、孝、勇、礼、义、廉、耻放在第一位,融入习武全过程	没有专门的武德教育目标、手段和要求
	武德 意志品质	专注、恒勤、锻炼筋骨	
	武德 精神	侠义精神、自强不息	
	武术技术	融演练、技击于一体 超凡卓越的功夫	武术演练技艺

续表

	传统武术	体育化武术
文化基础	中国传统文化。乡土俗文化同封闭、保守、分散的小农意识结合在一起，表现在：门户之见、宗派主义、封建迷信；互不服气、明争暗斗、相互拆台；狭隘名利观、反对革新。糟粕表现在：腐朽、没落的江湖义气。	近代城市文化，体现民主、科学、法制的思想
理论基础	道家思想、阴阳五行学说、太极、八卦理论、兵学思想、中医学、气功等	运动生理、解剖学、现代医学、运动训练学、教育学、心理学等科学

武术体育化的过程对中国武术产生的影响尤为深远，不仅逐步舍弃了传统武术中的封建迷信思想，还充分汲取了现代体育的良好形式和切实可行的方式方法，但也有对现代人传承传统武术产生负面影响的内容。当中国武术进入学校并成为体育教育的组成部分后，在学校体育教学内容中所占比例少，学校中综合实力很强的武术教练数量有限，普通学校的武术教育在多重因素的影响下陷入名存实亡的尴尬境地。

四、现代竞技体育思潮对武术的影响和武术本体异化

竞技体育在短时间内快速崛起主要是受奥林匹克的影响。详细来说，现代竞技体育思潮对武术的影响和武术本体异化主要体现在以下几方面。

(一)现代竞技体育的特征

现代竞技体育的特征具体反映在两个方面：一方面是竞技主体的明确性特征，即所有竞技项目都有区别于其他项目的比赛目标，竞技主体不明确则视为和竞技体育的要求不符；另一方面是竞赛规则科学且周密，为保证比赛达到公正性要求和公平性要求，竞技体育项目都有独特的竞赛规则，同时会立足于客观的视

角确定比赛内容、比赛性质、比赛要求、比赛判罚尺度。值得一说的是,虽然某些竞技体育项目至今依旧以主观判断为主,但是这些项目并未占据主流地位,同时至今并未获得奥林匹克的肯定。

(二)竞技体育主体目标明确要求武术打练分离,套路运动被分解为若干竞赛项目

1923 年 4 月,马良、唐豪和许禹生等联合发起在上海举办中华全国武术运动会,这是中国体育史和武术史上第一次武术单项运动会,运动会内容包括传统拳术器械单练、对练表演、团体表演。1928 年中央国术馆举办的"国考"包括徒手对抗的"拳脚门"(散打)和"摔跤门",持械对抗的"刀剑门"和"枪棍门"。1934 年举办的华北运动会上,武术比赛项目包括单练拳术、对练拳术、单练器械、对练器械。1952 年,武术作为一项民族形式的体育项目得到大范围推广。1955 年,我国贯彻和落实针对武术的"暂时收缩,加以整顿"方针。1956 年,国家体委正式通过《中华人民共和国运动竞赛制度暂行规定(草案)》,将武术列入表演项目中,并且定期举行。1979 年修订的《武术套路竞赛规则》中规定运动员除了参加自选长拳、南拳、太极拳、自选器械的一个项目外,还必须参加传统拳术、器械的比赛。

(三)结合竞技体育发展要求,规范和改进武术套路技术

1960 年版《武术套路竞赛规则》以 1959 年版为基础,规定把套路比赛的项目加入其中,但有人对此提出批评,认为这使武术的体操化、舞蹈化以及杂耍化趋势更加明显,此外武术家温敬铭也提出批评,认为仅确定以长拳和太极拳为基础的等级套路有很多缺点。在第 3 届全运会举行前夕,国家体委于 1973 年审定颁布了新《武术套路竞赛规则》。1973 年版的《武术套路竞赛规则》对增加难度动作持肯定和支持的态度,同时指明中国武术应朝着高、难、美、新的方向发展,此外新增"出色完成难度动作和创新难度动作给予加分"的规定。分析这个时期的武术比赛会发现,少数武术运动员为获得预期的比赛成绩,参与技术训练的过程中呈

现出偏离武术特征的倾向,具体包括:单方面追求速度和形象,对每个招式的功架、动作规格、劲力和精神的表现、攻防技击特征置之不理。此后制定的《武术套路竞赛规则》将某些指定动作和高难动作加入其中,但很多动作严重违背了运动学原理,不符合武术技术原理的要求。

(四)为体现武术套路竞技规则评判的客观性,借鉴了现代竞技体操等项目的评分办法

1923 年 4 月,在上海举办的中华全国武术运动会比赛没有具体规则,所以不应将其纳入运动竞赛的范畴。在 1924 年举办的民国第 3 届全运会正式将武术套路纳入表演赛项目,武术套路简便可行的规则也应运而生。1928 年中央国术馆举办的"国考"中,未对体重不同的武术运动员进行划分,也未对比赛时间做出详细规定,此外不决出具体名次,所以说这次"国考"仅仅是朝近代竞技体育迈进的一个尝试。1935 年,民国第 6 届全运会武术比赛规定评分标准为运动员姿势、运动员动作、运动员运劲。自 1957 年武术被列为正式比赛项目后,武术竞赛规则的复杂性特征越来越显著。

从整体来说,武术在朝着竞技体育方向发展的同时,规则的复杂性特征越来越显著。动作技术朝着高、难、美、新四个方向大力创新的同时,武术动作的本质含义也逐步消失。比赛提出的客观性和规范性要求使得原本丰富的武术技术朝着单一化方向发展。武术竞赛规则复杂到专业人士都无法操作,这自然不会对武术套路运动的普及产生积极作用,武术套路规则复杂化的根本原因是比赛内容不明确。

(五)"锦标主义,金牌至上"的竞技体育目标对武术套路的影响

一直以来,竞技体育都主张金牌至上的观点,当比赛项目设置和相关规则为体形瘦小的运动员赢得比赛提供了更多便利时,运动员选材也会随之朝着瘦小个矮的方向发展,高低杠和平衡木等项目就是典型代表。武术套路规则更有助于个矮瘦小者获得理想成绩,所以近代武术套路运动员大多身材矮小。但这种外在形象显然和传统武者身材高大健壮的英雄形象相去甚远。

但不可否定的是,武术竞技体育化也具备科学性特征,具体反映为技术规范、普及和推广存在诸多便利性条件、参与人数可观。但解放后,在极左思想的影响下倡导武术技击在很长一段时间内被当作"唯技击论"而受到批判,武术中的搏击内容遭到多重限制。从1979年国家体委在浙江省体委、北京体育学院、武汉体院开展武术对抗项目(包括散手、短兵、太极推手三个项目)试点工作以来,散打(散手)在责骂声中慢慢朝着更加成熟的方向发展。散打项目的成功除了其能将武术"格斗搏击"的本质反映出来,更重要的原因是散打项目对传统武术进行了积极继承,同时以现代竞技体育要求为依据对技术加以规范、对竞赛目标加以明确、对具体操作加以改造。正是因为散打运动和客观规律相符,所以呈现出了良好的发展势头。

批判地继承和弘扬作为民族传统文化组成部分的武术文化,是所有武术工作者不可推卸的责任,但继承和弘扬武术不能打着"发展""改革""创新""科学化"等旗号在背离武术本质的情况下按照个人意愿任意改革,任意变革和反科学行径没有什么不同。我们每一个人都应当置身于更开阔的文化视野中重新审视中国武术以往的发展、当前的发展以及今后的发展。

第三章　中国武术传承要素分析

只有对中国武术传承要素形成准确而系统的认识,才能探索传承中国武术的可行性策略,进而推动中国武术的传承进程。因此,本章在对中国武术传承人、传承方式、传承环境、传承管理这四项传承要素进行分析的基础上,对中国武术传承的内外部因素进行阐析。

第一节　中国武术传承人

一、中国武术传承人的内涵

因为中国武术是中华民族优秀传统文化的一个组成部分,所以说中国武术传承人也就是传统武术文化传承人,但传统武术文化传承人仅仅是统称,其具体指直接参与传统武术文化传承、致力于使传统武术文化不断沿袭的个人或者群体。

武术文化传承人是武术文化传承的关键性代表人物或者集体,但并非所有人或者任何集体均能扮演好武术文化传承人的角色。作为一名武术文化传承人应达到三方面要求:首先,全方位掌握武术运动的理论知识和运动技能;其次,具备武术运动公认的代表性,实际影响力比较可观;最后,要在科学传承武术文化的前提下完成相关创新活动,尽管武术文化发展状况会受到诸多因素以及实际环境的影响,但当事者的实际水平与个性特征同样至关重要。

正因为中国武术传承人能在很大程度上影响武术文化的传

承效果,所以确认武术文化传承人时务必要慎之又慎。从整体来说,确认武术传承人的过程存在着复杂性特点,在确认前要先对传承人进行系统有序的培养,最终结合传承人已经掌握的武术文化知识的实际数量和实际质量来选定最适宜的传承人。

二、中国武术传承人的作用

(一)传承人是中国武术延续的载体

文化是在人类社会持续发展过程中形成的产物,人是传承中国武术的载体,如果传承人不复存在,那么中国武术也会逐渐退出历史舞台。

中国武术作为非物质文化遗产之一,从本质上来说是抽象的事物,所以利用技艺表达的形式才能使人们察觉到传统武术是切切实实存在的。某些学者指出,民间艺人和艺术宝库是等同的关系,民间艺人消失是艺术宝库走向毁灭的重要标志。作为中国武术的传承人同样是一个文化宝库,每个传承人身上都负载着和传统武术文化相关的诸多关键性信息,具体包括武术套路习练、武术招法运用、武术禁忌等。要想使广大群众对中国武术形成全面而深刻的认识并大力弘扬中国武术精神,就一定要挖掘和发挥传承人的媒介作用,使中国武术的精华充分彰显出来。由此不难得出,传承人在传承中国武术方面发挥着不可忽视的载体作用。

纵观中国武术传承和发展的过程会发现,传承人扮演着承载和传递武术文化的关键性角色,中国武术正是在世代传承人言传身教的过程中不断延续及发展。从整体来说,传承人"世代相传"的常见途径包括师徒相传、学校教育、家庭传授、社会传承等,在这些传承途径中传承人发挥着"接力棒"的作用。

因此,中国武术传承人要坚持不懈地学习和练习武术,自觉加大研究中国武术的力度,虚心汲取其他运动项目的精华,将自身优势发挥得淋漓尽致,为自身精准地理解和掌握中国武术精髓以及中国武术相关内容创造条件,同时将中国武术文化的内涵和表现形式精准无误地传承下去。

(二)传承人是中国武术发展的推动者

中国武术要想得以延续和发展必须通过传承来实现,传承人在整个过程中发挥着关键性作用,换句话说,传承人是中国武术得以延续和发展的直接推动者。在中国武术传承和发展的过程中,人们往往会以原有文化为基础并结合现阶段文化实施再创造,但实施再创造必须对原有文化的基本属性与特征持尊重的态度,要保证经过创造后的文化能获得广大群众的肯定。

联合国教科文组织在《保护非物质文化遗产公约》中明确指出,传承非物质文化遗产时要将出发点设定为传承人,想方设法使传承过程中"人"的作用发挥至最大限度。因为传承人相当珍视自家技艺,因而传承人在类似于自发保护知识产权的意识作用下,往往不会轻易向他人传授区别于其他流派的武术绝技,所以说传承传统武术的人往往数量有限且技艺精湛,传承中国武术文化需要每一代人的无缝接力,传承过程中出现中断就意味着一门武学离灭亡线越来越近。

就中国武术文化的传承过程来说,传承人比其他人对武术文化的认识和理解要深刻很多,所以说传承人在继承武学的同时也能使武术得以延续和发展,此外传承人还能有效加快中国武术的发展速度、传播速度以及创新速度。中国武术能发展成为现阶段的流派和其传承人适宜发挥个人技艺有很大关系,人们往往能基于相关武术理论进行个性化特征鲜明的创造活动。

传承中国武术文化并非照搬原有文化,也并非单方面地对原有文化实施移位或者延长,整个过程中同时存在删减和增加。相关人士应当坚定不移地对原有文化实施继承和创新,从而不断巩固和夯实优秀武术文化的基础,及时舍弃和优化中国武术文化中未达到合理性要求的内容。

三、中国武术传承人的权利与义务

传承中国武术是一件很严肃的事情,评选和确定中国武术传承人前务必要保证关于传承人的权利和义务已经形成了明文规定,传承人要牢记自身在传承中国武术的过程中享有的权利和应当履行的义务,如此才能推动中国武术科学传承,促使中国武术文化朝着多样化方向和可持续发展方向不断发展。

(一)中国武术传承人的权利

中国武术传承人拥有凭借自身技能组织和开展有关活动的权利,有关活动具体是指讲学、学术研究、传艺、创作等。

(二)中国武术传承人的义务

中国武术传承人要依据相关要求认真履行自身义务,特别是享有国家经济补贴的传承人要充分发挥自身传授技艺的主观能动性,主动把个人技艺传授给下一代。中国武术传承人的义务如下。

1.保存好传承武术技艺必备的物质条件

传承人要保存好传承武术技艺必备的物质条件,如各项原始资料、场所、建筑物、实物,等等。

2.保持武术知识和武术技艺的完整

传承人要始终保持武术知识和技艺的完整性。

3.开展展示和传播非物质文化遗产的活动

传承人要在遵守相关法律法规的基础上组织、开展展示和传播非物质文化遗产的多样化活动。

4.积极撰写中国武术的书面著作

在条件允许的情况下,建议传承人撰写和中国武术相关的书面著作,将自身传承中国武术的作用发挥至最大限度。

第二节　中国武术传承方式

中国武术能流传到今天的一个重要原因就是这项运动从产生开始始终在不间断地传承和发展着,而传承和发展的过程中必须依赖某些方式方法。本节从中国武术传承方法和中国武术传承途径两个层面阐析中国武术的传承方式。

一、中国武术的传承方法

传承中国武术的常见方法包括口传心授、身体示范、观念影响,这三种传承方法的具体内容如下。

(一)口传心授

口传心授是传承中国武术的一种有效方式,由口传和心授两个层面组成,具体如下。

1.口传

通过口传的方式传授武术技艺,侧重于摹仿习练,而这里所说的练着重指练武术的"形",换句话说就是组织和指导习武者参与关于武术表现方式、武术习练手段以及武术演练技巧的活动。

2.心授

心授法侧重于培养武术传承人的"悟"。详细来说,"悟"是指传承人在习练过程中形成的仅能意会不能言传的韵味,而这离不开人们的情感交流和心灵交流,这也是中华儿女内倾性思维习惯的主要反映。任何习武者在习练过程中都会形成具体的感受与体会,拥有良好悟性是一名优秀武术传承人必须具备的条件。

(二)身体示范

人们常说"百闻不如一见,百见不如一练",这句俗语在武术运动中同样适用,即身体示范对武术传承人传承中国武术有很大影响。具体来说,身体示范就是所谓的言传身教,口传心授侧重于培养传承人的悟性,而身体示范则侧重于向传承人直接传授外在套路动作。

中国武术传承是"内外合一"的身体教育实践性活动,换句话说就是"外在指标与内在感觉"的一体化,当中国武术传承人形成"击必中,中必催"的认识后,才可以对中国武术的技击属性和技法套路练习形成特定认识,对中国武术文化蕴含的内涵有深刻体会。因此,当武术传承人高效参与形式各异的外在形体活动后,才能准确反映出中国武术的技巧、方法、哲理、美感等。

言传身教是传承中国武术的一种有效途径,即在完成言语讲解后进行具体技术动作的演练,被广泛应用的身体示范方法有功力训练、套路演练、实战技击。

(三)观念影响

中国武术传承不仅限于传承武术技艺,传承武术德行也包含其中,换句话说就是传承武德。观念影响是指习武者受中国武术的武德熏陶,进而逐步发展成为合格的习武之人。观念影响主要包括宏观层面的观念影响和微观层面的观念影响,具体如下。

1.宏观层面的观念影响

从宏观层面来说,习武者在习练中国武术的过程中会逐步形成积极向上的风气。

2.微观层面的观念影响

从微观层面来说,武术传承人对下任传承人的观念影响往往反映在师徒间,当师父向徒弟传授武术技艺时,师父的启发、训导、以身说法等都是其向徒弟实施道德规范教育的有效途径。诸多实践活动证实,中国武术的观念影响传承方法能使习武者受到武德的熏陶和影响,并推动习武者逐步发展成优秀的武术传承人。

二、中国武术的传承途径

(一)群体传承

群体传承作为中国武术传承的一种基本形式,具体是指来自某个群体的社会成员共同传承特定形式的武术,力求有效推动中国武术的传承进程、发展进程以及创新进程。

群体传承是传承中国武术技艺的一条有效途径,这种传承途径的基础性特征是集体性,具体传承群体的文化背景往往基本相同,同时具体传承群体会把中国武术作为一个桥梁来提高群体成员的文化认同感。

群体传承着重反映为集体参与传承。综合分析中国武术会发现,其中多数拳种都需要社会成员主动参与来加以传承,如推动太极拳发展和演变的诸多杰出人物都出自某些群体,杨式太极拳的创始人杨露禅和吴氏太极拳的创始人吴鉴泉等都有效推动了太极拳的发展进程,所以说集体参与为太极拳技术和理论体系的完善打下了坚实的基础。在中国武术发展历程中,群体传承贡献了很大力量。

综合分析中国武术的传承历程会发现,在原生态的中国武术中相继衍生出了诸多门类,其中绝大多数门类都是由群体创造,换句话说是群体智慧的结晶。这些被历代人创造和创新的武术借助群体传承途径逐步流传到今天,使得中国武术的传统性与完整性得以维持。从整体来说,群体传承形式具有多样性特征,某些是在特定文化圈内,某些是在特定族群范围内,但任何群体都存在某种相同的文化特点,并且是由这一族群内的人共同参与的,该群体的文化心理和信仰往往存在共同特征。

(二)家庭传承

家庭传承也被称为"血缘传承",具体指某个家族范围内或者某个群体范围内组织开展的中国武术传授与习练活动,该传承形式能有效传播与发展中国武术中蕴含的技艺和文化。在很多情况下,中国武术传承是在家庭范围内进行的,如由陈王廷创始的陈氏太极拳一直都由陈氏家族的人传承,但也有来自不同地区的人前来拜师学艺,所以说家庭传承并非只局限于血缘关系。

从古至今,中国人都有很重的家庭观念,都相当看重血缘关系与家族凝聚力。在中国人心中,家庭要比个人利益高出很多,父慈子孝和夫唱妇随是中国伦理关系对家庭成员提出的规范性要求。

但不得不说的是,家庭传承的中国武术具备封闭性特征。在以农耕生活为主的中国古代社会中,家庭是社会最基本的单位,这种社会背景下逐步产生的由血缘关系构成的习武群体往往以家族长辈的经验认知为主导。但在家庭范围内传承中国武术存在鲜明的文化排他性特点,这种文化排他性有助于本门拳种技术和理论的可持续发展,使得具体拳种的正宗性和传统性得以维持,但不利于具体拳种和其他拳种的沟通与交流。

(三)师徒传承

师徒传承是指徒弟以磕头拜师的方式成为师父的正式入门弟子后,师父向徒弟传授武术技艺并实施武德教育。通常来说,师徒传承是一种义务行为,不会收取费用。

从本质上来说,师徒传承和家庭传承这两种传承模式存在诸多相似之处。古代社会对于没有血缘关系的人们同样提出了相应的伦理规范要求,具体包括"师徒如父子""一日为师,终身为父"等。在这些观念的长期作用下,人们之间的关系得到了有效维系,同时也是对家庭关系加以模仿的结果。

对于中国武术的历代传承过程来说,师徒传承途径发挥了至关重要的作用。从古至今,我国历朝历代都有被人们广为流传的拜师收徒故事,特别是关于中国武术拜师收徒的故事更是有很多。师徒传承途径能够成为中国武术的主要传承途径和我国传统思想有很大关联。

师徒传承具备鲜明的凝聚性特征,这种传承途径本质上是以"师父"为核心,徒弟拜师后师徒之间会形成类似于"父与子"的契约关系,师兄弟之间会形成类似于"手足兄弟"的关系。当这两种关系形成后,尽管武术传承人来自五湖四海,但各门各派会在这两种关系的长期作用下形成一个"大家庭",这个"大家庭"中的成员会根据伦理关系中尊卑长幼之序逐步形成凝聚力十足的团队。

从某种程度来说,师徒传承和家庭传承有很多共同点,在通过师徒传承途径传承中国武术的过程中出现了很多和家谱相似的传承图谱,这些传承图谱中详细记录了师徒间的传承关系,这也是中国武术传承"家庭化"的具体反映。

(四)地域传承

地域传承是在特定地域环境中传承中国武术。由于农耕社会的显著特征是生产力落后、交通闭塞、百姓活动范围固定,因而地域是除家族外百姓活动的重要场所。

当特定区域内的人们对某个拳种形成广泛认同后,这个拳种往往会被这个区域内的百姓普遍传习,这种现象充分彰显了地域特征,如回族查拳就是在地域传承中发展至今的。

(五)学校传承

学校传承和师徒传承存在很多相似点,学校中的教授者被称为"老师",这和师徒传承中的"师父"十分相近,不同之处是前者是职业传承、后者是义务传承。学校传承是传承中国武术的一条崭新途径,是中国武术成为学校教育内容后逐步产生和发展起来的。

在社会持续发展的过程中,中国武术的群体传承途径、家庭传承途径、师徒传承途径以及地域传承途径都受到了或多或少的影响,中国武术传承环境出现了多重危机,学校传承在这种社会背景下演变成人们传承中国武术的一种新选择。作为中国武术的一条传承途径,学校传承使得中国武术传承面得到了大幅度拓展,此外对优秀武术传承人的挖掘和培养产生了显著作用。

在学校组织和开展武术教育活动,不仅能向学生传授中国武术的相关技艺和技能,也能对学生优良品质的形成产生积极作用,所以学校的武术教师应当自觉充当武术人文精神和价值的挖掘者。通过学校传承途径传承中国武术会受到多重因素的影响,这些影响因素使得武术教育演变成单方面追求健身功能的"运动的武术",武术教育的文化传承功能呈现出日益弱化的趋势,这显然和武术文化传承的意义不符。由此可见,国家和政府应当对中国武术的学校传承途径予以高度重视,通过多项措施使学校武术教学的内容得到优化,为学校武术教学的健康发展提供政策支持、资源支持以及设施支持。

在崭新的社会发展阶段,学校传承途径在中国武术传承过程中发挥的作用越来越显著,并且会逐步演变成中国武术的主要传承途径。

(六)社会传承

在社会持续发展的过程中,随着书籍、影视、网络等多种媒介的出现和发展,社会传承作为一种崭新的中国武术传承途径出现。详细来说,媒介等在社会传承中发挥着不容忽视的作用,如电视台和网络组织的武林比赛和武术在线教学等都产生了良好的传播效果。当前,社会传承途径为中国武术爱好者更加全面、高效、便捷地学习中国武术提供了诸多有利条件,但社会传承途径实现作用最大化离不开良好的社会文化环境,只有在良好的武术文化氛围中传承武术才能获得理想的传承效果。

第三节　中国武术传承环境

中国武术传承环境有自然环境和社会环境之分,这两种环境存在着彼此影响和彼此制约的关系,同时共同作用于中国武术的传承过程,传承环境具体由以下几方面组成。

一、传承单位

传承单位是指中国武术传承的群体集合,是指具有中国武术传承义务的组织机构。传承单位主要包含两种形式,一种是非物质文化遗产的保护措施中有关于"代表性传承单位"的提法;另一种是在社会中普遍存在的"传承单位",可以将这两种形式的关系理解成精英和普通之间的关系,但主要工作内容和目的是传承中国武术文化。

二、传承基地

传承基地是指传承中国武术的具体场所,最简单、获取预期传承效果最容易的中国武术传承基地是学校。建立传承基地是保护中国武术传承环境的方式之一。我国教育部于 2007 年就将武术纳入中小学体育课程必修内容中,这在很大程度上推动了中国武术的普及进程。但需要明确的是,通过学校武术教育来培养中国武术传承人并非最佳培养方式,原因在于学校教育并非终身制,当学生离开学校且未将中国武术作为职业内容的话,就意味着失去传承,这是把学校设定为中国武术传承基地的弊端之一。

为有效改善中国武术的传承效果,我国进行了多次关于传承中国武术的尝试,深入分析和总结我国某些省市的非物质文化遗产保护试点经验得出,在把传承单位设定为核心的基础上进行适度外延能更好地传承中国武术,如把某校的武术系设定为传承单位就是一项可行性选择。

三、文化空间

（一）文化空间概述

"文化空间"也被称为"文化场所"，这个词语是联合国教科文组织保护非物质文化遗产时使用的专有名词，具体就是人类口头与非物质文化遗产代表作的形态与样式。因为文化空间是非物质文化遗产中的用语，所以说阐析文化空间的内涵时务必要以非物质文化遗产为基础。

中国武术是一项蕴含着深厚文化底蕴的特色代表项目，这个项目中很多有价值的文化空间都有保护的必要性，如少林寺就是特色鲜明的"文化空间"，这个"文化空间"是佛教文化环境以及僧人习武场所，保护少林寺和尽全力保护非物质文化遗产的实际情况十分吻合。

（二）中国武术传承的文化空间

具体来说，中国武术传承的文化空间就是对中国武术传承的文化环境加以阐述形成的产物。中国武术是构成我国传统文化的关键性部分，也是我国优秀传统文化的一个典型。我国传统武术的流派众多，但开展保护中国武术的相关工作时务必要把所有流派视为一个整体的文化空间，换句话说就是把武术文化空间当成武术全部内容进行整体传承。在传承武术的过程中，务必要把传承武术精神内涵视为一项重要工作，务必密切关注文化空间概念的引入情况，科学传承和保护中国武术存在的文化空间是中国武术得以保留并可持续发展的重要前提。中国武术传承的核心内容是中国武术的精神内涵。

（三）保护中国武术文化空间的原则

科学保护中国武术文化空间，一方面能为武术文化传承构建良好文化环境；另一方面能为武术文化的高效传承提供保障。在保护中国武术文化空间时要严格遵循的原则如下。

1.完整性和真实性原则

一方面,当文化空间中出现缺损、破坏、湮灭三种情况时,意味着文化空间遭到严重损坏,所以说片面、单一地保护中国武术文化空间显然是不妥的;另一方面,文化空间中的文化形态和文化样式始终都要达到真实性要求,要使其已经得到认定的文化价值和文化特性得以维持,此外文化变迁同样要达到真实性要求,当文化被篡改后,其原本蕴含的文化内涵和意义往往会随之消失。

2.生态性与生活性原则

文化空间具备文化生态性特点,文化的发展实况往往和历史传统以及传统风俗等内容存在着一致性关系,所以说保护中国武术文化空间的前提是保护中国武术的生存环境,换句话说就是保护中国武术的自然生态和文化生态。与此同时,因为中国武术是活态的、动态的以及实践的,也是一种生活的文化,所以武术文化脱离生活后往往会丧失活力,因而保护中国武术文化空间务必要保护武术文化的生态性和生活性。

3.动静结合的原则

中国武术文化的表现具备多面性特征,同时存在动态文化行为和静态文化载体。这里提及的动静结合原则是指保护中国武术文化时,既要对包括器物和碑刻在内的静态物品进行保护,也要对动态文化和民俗行为等进行保护,从而竭尽全力使中国武术文化实现快速而健康的发展。

第四节 中国武术传承管理

中国武术传承过程是集复杂性特征和系统性特征于一体的过程,要想有效加快中国武术的传承进程和发展进程,就必须构建相应的管理机构,也必须制定出有效的传承对策,如此才能为中国武术传承进程注入巨大推动力。

一、中国武术的传承管理机构

从整体来说,当前的中国武术传承存在诸多问题。分析中国武术不难发现,其并非竞技项目,但也不全是体育项目,准确来说其是一种文化,从狭隘角度归类中国武术必然会使其传承和发展受到负面影响。由此可见,要把中国武术置于文化部门中加以管理,这样一方面能体现出中国武术是中华文化的一个典型;另一方面能加快文化管理机制的完善进程并提高传承中国武术的实际效率。

(一)中国武术传承管理机构的构建

中国武术是我国非物质文化遗产的一项关键内容,有关保护部门应当高度重视传承中国武术形式和内容的工作。与此同时,审批与保护过程中可参考非物质文化遗产的申报、批准以及保护流程,从而为中国武术的传承提供有效保障。

就现阶段来说,我国已经设立了非物质文化遗产保护中心、国家体育总局武术管理中心、中国武术研究院,这三个政府部门应当充分发挥各自的作用,协同保护中国武术。

(二)中国武术传承工作委员会

我国在保护中国武术的过程中应当设立相应的工作委员会,从而最大限度地将不同流派的武术代表人物吸引过来,具体的工作要点包括以下几项。

1.等级划分

中国武术传承工作委员会具体由三个等级组成,分别是国家、省、市级。尽管传承工作委员会划分了三个等级,但这三个等级之间是业务关系,不存在行政隶属关系,如此使传承工作委会具备很大的灵活性,能更加高效地开展武术文化遗产的搜集、挖掘以及整理工作等。这三级委员会的具体工作内容如下。

(1)国际委员会的工作内容

科学评定全国各地武术生态保护区。

(2)省级委员会的工作内容

评定本省的武术项目传承人和传承单位。

(3)市级委员会的工作内容

搜集当地武术项目、认定纳入武术项目的具体资格、开展各方面的保护工作。因为市级委员会的工作人员更接近百姓生活以及武术文化传承环境,所以对武术项目留存情况的了解更加清晰。需要补充的是,市级委员会拥有认定权利和监督权利,所以管理机构更加简洁和灵活。

2.人员构成

我国武术传承工作委员会的人员构成呈现出地域化趋势和多元化趋势,同时均以文化遗产的相关专家为中心,全面兼顾历史、地理以及民俗方面的信息,在此基础上展开认定工作。

3.管理机制

就机构管理的机制来说,要避免政府参与非物质文化遗产保护的"官俗化"问题产生。具体就是以联合国非物质文化遗产保护文件中的具体规定为根据,充分调动个体保护、传承、管理中国武术的主观能动性,由此为科学管理中国武术相关传承工作提供保障,从而加快实现中国武术传承目标。

二、中国武术的传承策略

(一)调整和改良中国武术传承模式

教育能对提高文化传承效果产生很大作用,要想顺利完成文化形成、文化发展、文化创新这三个环节的相关工作就必须依赖教育,此外文化传承能或多或少地反映出教育的特征。具体到武术文化传承,教育则是其主要模式,但要想妥善处理好我国学校武术教育中的诸多问题并充分利用武术教育来传承中国武术文化,就必须高质量完成以下几项工作。

首先,不管是竞技武术的发展,还是传统武术的保护,都是至关重要的,所以一定要对这两个方面予以同等重视。从某种程度来说,只有基于对传统武术进行扬弃和创新,才能为中国武术发展进程注入巨大推动力。

其次,要积极主动地学习其他国家成功模式的经验,与此同时充分保持本国的民族特色。传承中国武术中只学习其他国家发展体育运动项目的经验是远远不够的,也要深入挖掘和保持中国武术的项目特色以及中国武术文化的民族特色。

再次,要积极转变学校武术教育的观念,把武术教育价值定位成武术文化的传承和审美,致力于使武术教育演变成集文化属性、艺术属性以及体育属性于一体的教育。就现阶段来说,武术教育的主要内容是传承民族文化和开展民族文化教育,只有立足于文化视角传承中华民族的武术文化,才能促使中国武术文化更加繁荣,才能实现中国武术文化魅力和多重价值代代相传的目标。

最后,全方位审视市场经济发展状况,设法推动武术教育的市场化发展进程,充分发挥市场化对中国武术传承的推动作用,但务必要进行规范化经营与管理,谨防武术文化扭曲的情况发生。

从整体来说,在当今社会传承中国武术的首要任务是在全方位反思武术固有发展模式的前提下,构建集科学性与合理性于一体的中国武术发展模式。

(二)保障中国武术传承的整体性

中国武术蕴含着深厚的文化,在传承中国武术的过程中务必要实施整体性传承,仅保护一部分文化的结果就是和文化本身的完整性失之交臂,此外其实际价值同样会弱化。从本质上来说,中国武术由完整技能体系与生存环境共同构成,由练习手段、套路种类、技法运用等多重要素组成,其得以建立的基础是中国传统文化,如我国不同流派的文化思想、价值观念、人生哲理、武林轶事、练习口诀、传承制度等。

传统武术文化的形成和发展都植根于民间的农耕文化,所以说传统武术脱离民间环境会使传统武术文化成为空中楼阁,因而要想传承中国武术,就有必要立足于整体来保护中国武术的传承环境,如此才能使中国武术拥有源源不断的生命力。

(三)重视中国武术传承的物质化

物质文化遗产和非物质文化遗产是同一事物的两个方面,这两个方面不是完全对立的关系。就中国武术来说,具体的器械和服饰等是物质文化遗产,而具体的技艺和运用手段等是非物质文化遗产。

在传承中国武术的过程中,传承包括武术器械和武术服饰在内的物质文化遗产很有必要,最大限度地利用物质是传承中国武术文化的一条可行性途径,如借助网络力量重现传统武术技艺能使武术文化传承更加高效、便捷,也能在很大程度上扩大中国武术的影响力。

(四)为中国武术传承的原生态提供保障

绝大多数文化都有两种发展结果,一种发展结果是原本的文化特性始终保留着,不会因为历史变迁和社会发展而有所变化,这种文化叫作"原生态"文化;另一种发展结果是在时代变迁过程中发生异化,即在原有基础上衍生或者创造出新文化,这种文化叫做"次生态"文化。

"传统性"是中国武术的一大魅力,中国武术经过数千年的发展依旧保留着本色。但在武术发展过程中,也会随着时代发展而出现或多或少的变化,即会出现"次生态"文化(新兴武术)。综合分析这些新兴武术动作会发现,其与集古朴自然特征和实用性特征于一体的传统武术有所不同,新兴武术不断朝着高、难、美、新的竞技化方向发展,其中蕴含的传统武术特色越来越少。

传承中国武术文化的本质就是继承武术文化中合理的内容和形式,这也是文化属性的根本,特别是在武术"次生态"文化不断出现的当下更有必要反复强调保留传统武术"原生态"文化的必要性。

(五)探索中国武术传承中的发展策略

在当今社会,要想有效加快中国武术的发展进程,就务必要以传承为基础加大创新力度和弘扬中国传统武术文化的力度,从而增强中国武术的生命力,具体策略如下。

1.坚持产业化发展

在市场经济社会背景下传承中国武术的正确方向是:在民族传统文化面临重重危机的情况下,妥善处理好传统文化和现代化发展之间的关系,将民族文化的优势发展至最大化,尽最大努力适应现代化改革,树立全面发展与和谐发展的文化生存理念,推动中国武术的产业化发展。

坚持中国武术产业化发展方向的具体对策是:将中国武术视作一个产业来开发,通过多元化手段增强武术的市场竞争力,充分调动中国武术参与市场竞争的积极性和主动性,保证置身于激烈市场竞争环境中的中国武术找到适合自身的发展道路,有效加快中国武术在当今社会的现代化发展速度。

2.坚持走出去的战略

在加快中国武术在我国的发展速度的同时,也要重视中国武术的国际交流活动,要坚持遵循"走出去"的原则,通过多元化手段扩大中国武术在世界各国的推广范围。

在我国综合国力持续增强、和世界各国交流日益增加的大背景下,政府相关部门要深刻认识到中国武术对外交流的重要性和必要性,支持和督促开展各式各样的中国武术对外交流活动,使世界各国人民认识中国武术,推进中国武术的国际化发展进程。

3.科学构建传承机制,始终坚持推陈出新

深层次剖析中国武术文化传承管理会发现,不够完善的制度使得中国武术传承主体相继出现诸多问题,比较突出的问题体现在以下两个方面。

一方面,准入标准有待完善,武术传承人的传承能力未获得广大群众的认可和肯定。

另一方面,很多武术传承人在传承过程中退出传承机制,但我国还未针对传承人退出现象制定惩罚措施,政府传承干预存在一定难度。因此,在传承中国武术的过程中一定要重视并落实制度建设工作,一方面要确保武术技艺被传承下去;另一方面要保障武术传承人的合法权益,由此在传承中国武术的过程中发展武术技艺。

综上所述,传承中国武术离不开广大群众的努力,广大群众应时常关注武术文化节目,在闲暇时间积极参与武术锻炼活动,这有助于使中国武术发展成全民参与的运动项目。

第五节 中国武术传承内外部因素分析

一、中国武术传承的内部因素分析

文化传承由传者、受众、媒介、价值需求、文化信息五个要素组成,因为武术原本也是文化的一个因子,因而武术传承同样由这五个要素组成,深层次剖析组成武术传承的五个要素便于深入探究后续内容,尤其便于探索中国武术的传承策略。

（一）传者

对于中国武术来说，传者就是武术传承行为的引发者，他们对武术传承过程有决定性影响。传者是中国武术传承的主体，是武术信息得以产生的出发点，武术传承失去武术传者就无从谈起，所以说传者是中国武术传承的首要因素。对于一名中国武术传者来说，需要自觉承担传承武术技术和武术文化的双重责任，中国武术传者的常见群体有家长、教师、武术名家、传媒人、民间拳师等。

1.家长

家长是孩子的启蒙教师，家长的态度会对孩子的基层思想产生直接影响。在中国武术传承的整个过程中，家长扮演着最初传者的角色。

2.教师

纵观中国武术传承的整个历程会发现，教师是尤为重要的传者之一。通常来说，教师的专业知识丰富、综合素养较高，接受过系统的培训，向作为受者的学生传授的武术内容能达到系统化、体系化以及规范化要求，此外教师更是接触学生次数最多的传者，所以教师被誉为"潜力巨大的中国武术传者"。

3.武术名家

武术名人、专家普遍存在于中国武术界的各个地方，这些人被统称为"武术名家"，是中国武术传者的重要组成部分。通常来说，中国武术名家理论知识丰富、技能高超，同时致力于深层次探究中国武术，在中国武术规范化和系统化发展的过程中贡献了巨大力量。要想将武术名家的作用发挥得淋漓尽致，就必须充分调动政府部门的引导性作用和指定性作用，给予武术名家"武术带头人"的称号，支持和督促武术名家积极主动地传承武术运动，有效构建和武术名家的联系网络,为武术名家有组织、有计划地开展传承活动提供保障。

4.传媒人

现阶段的传媒呈现出现代化与普及化的发展趋势,同时传媒人逐步演变成中国武术的重要传者,他们往往会利用书籍、杂志、电影、网络等媒体来传承中国武术。但需要注意的是,传媒人在传承中国武术时务必深入研究武术的内容,对中国武术的文化内涵形成清晰明了的认识和理解,如此才能在传承中国武术的过程中发挥最大作用。

5.民间拳师

就当前来看,绝大多数民间拳师依旧采取师徒传承的方式传承中国武术,某些年长的老拳师仍旧坚守着"传男不传女,传有德之人、不传无德之人,不传无根基之人"的原则,如果他们找不到达到相关要求的受众,就不向任何人传授武艺,这也是一些武术内容渐渐失传的原因之一。

(二)受众

武术传承对象就是中国武术的受传者,也就是中国武术传承内容的接受者和反应者,更是中国武术传者的作用对象。从某种角度来说,武术受传者也会通过反馈活动对传者产生特定作用,个人、组织或者群体均可充当受传者,但主要是指现阶段正参与武术学习活动和武术训练活动的习武者,如社会各界的习武者、学校习练武术的学生、武术运动员等。武术书籍、武术杂志、武术电影等都是广大群众认识武术的渠道。

外部因素作用是受众形成需要、情感、认识等主体因素的重要原因,但受众的这些主体因素形成后往往会演变成现实的"期待视野",会对自身对外部因素的接受取向与水平造成限制。中国武术传承对象是传承武术过程中需要尤为重视的因素,原因在于受众会对武术传承的实际效果产生举足轻重的影响。武术传承的最终受体包括武术学习者和武术爱好者。当受众所处地区不同或者所在层次不同时，他们选择的武术内容也会有很大差异。

(三)媒介

从本质上来说，媒介是信息的搬运者，也是连接传播过程中相关因素的重要纽带。中国武术传承的媒介就是所谓的传承途径，常见传承途径如下。

1.电子影像传媒

在现代高科技快速发展的当下，电子技术已经被应用到生活的方方面面，电子影像传媒也使得中国武术在当今社会的传承途径更加多元化。

2.中国武术(馆)校

中国武术(馆)校致力于在宣传中国武术、传授武术技艺、举办武术赛事、组织和开展武术科研活动和普及活动以及推广活动等方面下功夫，不仅能起到提高广大群众体质水平的作用，还能起到丰富广大群众业余生活的作用，也能对精神文明建设产生推动力。

3.体育赛事

举办不同级别和不同类型的体育赛事不仅有助于促进中国武术文化宣传范围的拓展，也能为武术赛事的可持续发展注入动力。

4.学校

从根本上来说，学校教育就是有组织、有计划、有目的地对受教育者施加影响，从而培养出特定社会或者特定阶级所需人才的活动。学校不单单是人类社会发展过程中形成的产物,还是人类自觉意识觉醒的重要标志,更是人类不满足简单维持自身生命而尝试通过培养后代处理现实的文化问题,以期从根本上改善自身生命存在状况的活动。

首先,学校不但是向学生传授武术技能的场所,还是培养学生武术认知和武术情感的场所;其次,学校专职教师能在社会文化许可范围内选择和改造需要传递的具体文化;最后,学校拥有多样化资源和较强的资源整合能力,具备传承武术所需的场地、器材以及师资等资源,能在很大程度上降低传承难度。因此,从本质上来说学校就是传承中国武术的核心媒介。

全方位分析足球运动、橄榄球运动、德式体操、军事学堂兵操等运动项目会发现,为数不少的民族体育项目在近代都以学校为中介实现了发展成为高水平竞技项目的目标。与此同时,日本柔道和韩国跆拳道则是在接受中国古代武艺的基础上进行多方面优化和改良,致力于为相关人员开展柔道和跆拳道的教学活动、训练活动、比赛活动提供便利,此外将学校设定为重要传播渠道向青少年推广,由此获得了社会各界的肯定和喜爱,最终获得了国际奥委会的认可。相关调查表明,韩国在推广跆拳道的过程中,除了为参加世界大赛成立国家队以外,多数情况下都是在学院、学校、俱乐部、中心、道场(馆)等场所开展教学活动和训练活动。因此,学校在传承民族体育项目方面有巨大潜力。

学校是中国武术朝着规范化方向和科学化方向发展的必由之路:首先,学校能培养传承中国武术的后备人才;其次,学校采用班级授课形式以及其他形式向武术受众(学生)传播中华文化,促使学生的民族情感得到有效增强;最后,学校武术教材由武术专业人才编写,能大大增强中国武术传承的科学性和系统性。

综合分析不难得出,武术传承活动并非单方面传与受的活动,传承活动层次多样、方式和渠道多元。学校在培养目标和培养方式两个方面的独特性特征使学校逐步成为武术传承系统中的核心要素,同时家庭和社区向学生提供必不可少的启蒙知识,促使学生的武术认知基础更加稳固,从而对学校传承起到补充作用。各级各类体育赛事则是武术教育的拓展和延伸,参与者在参与武术赛事的过程中提升自身的武术技术水平与文化修养。

在传承中国武术的过程中,电子影像传媒、武术(馆)校、武术竞赛、学校在增强民族自豪感和强化民族自信心两个方面发挥了重要作用,并在培养广大群众对中国武术运动的兴趣上发挥了引导作用,使得中国武术传承合力和中国武术传承系统逐步形成。

(四)价值需求

价值需求就是传者和受众在文化传播过程中持有的价值观念。具体到中国武术中,价值需求则是指武术传者的价值需求与武术受众的价值需求,这两者的价值需求越稳定,则对中国武术传承产生的积极作用就越显著。就武术传者的价值需求来说,学者、专家、教师的价值需求往往有很大的稳定性,家长的价值需求稳定性最差且改变难度大,最有效的措施是重视并充分发挥学者、专家、教师在传承过程中的作用,特别是要深入挖掘和发挥教师的作用。从本质上来说,受众的价值需求就是受众的"期待视野",其能对受众接受中国武术产生显著作用。在中国武术传承的过程中,要使受众对中国武术形成接受和认可的态度,从根本上改善中国武术传承的实际效果。

具体来说,中国武术传承效果就是武术传承者发出信息经过媒介传至传承对象,进而使受众的观点、知识、感情、行为方式发生改变。传承对象对接收到的讯息做出的反应或者回应就是受众给予传承者的反馈。发出反馈信息充分彰显了传承对象的能动性,传者在获得反馈讯息的基础上往往能对实际的传承效果形成比较准确的认识。通常传者根据传承效果而优化传承策略,以争取获得最佳传承效果。举例来说,在世界范围内传承中国武术时,我们往往期望有效传承中国武术的技法和文化,同时使世界各国人民深刻领会到中国武术的文化魅力且对中国武术文化形成全面认识,由此达到将中国武术推向奥运会的目的。以往举办的数届国际武术节和当前的世界传统武术节的参赛组织和国外参赛人数都呈现出与日俱增的发展走向,这充分反映了中国武术国际传播的良好效果。中国武术传承效果会反馈至武术传承者那里,激励武术传承者积极优化传承对策和传承手段,最终顺利达到既定的传承目标。

从整体来说,当中国武术的传者和受众在价值需求方面存在差异时,武术传承效果也会有所不同,价值需求是联系武术传者和武术受众的中间环节,这个不可替代的中间环节是中国武术传承系统不可或缺的一个因素。

(五)文化信息

文化信息就是传播过程中不同种类的文化资源,具体到武术传承过程则是传承的客体,即中国武术。中国武术具有独特的民族文化价值,武术文化信息则是武术传承内容,换句话说就是所谓的讯息和信息,就是武术传者和武术受者之间进行社会互动的介质,两者在讯息作用下会实现意义交换和有效互动。

拥有巨大影响力的学者庞朴把文化划分成表层文化(物质文化)、中层文化(制度文化)、深层文化(观念文化)。依据"文化三层次"学说,能把武术文化分成武术物质文化,表现为套路、器械功法等,即物质技术层;武术制度文化,表现为训练传承、礼仪规范、规章制度等,即制度习俗层;武术观念文化,表现为价值观念、审美情趣等,即心理价值层。这是武术文化结构体系的三个组成部分。具体来说,"心理价值层"是武术文化的核心,发挥着支配性作用和决定性作用,同时在武术文化形成和发展过程中发挥着基础性作用。武术文化结构中的表层文化和中层文化则是基于深层文化而形成和发展起来的,但深层文化要通过表层文化和中层文化反映出来,同时在历史发展和社会变迁中逐步趋于完善。从整体来说,中国武术文化的三层次结构存在着密切联系,同时共同构成了动态文化系统。恰恰是在武术文化内隐层价值体系的长期作用下,才形成了武术套路演练(中间层)和武术实战格斗形式(外显层),同时在发展过程中日趋完善。

综上所述,中国武术传承由传承者完成,武术传承者扮演的角色有传者、承者、教者、学者、授者、受者、实践者、体验者、执行者。在武术传承的实际过程中,个体与个体之间、个体与群体之间以及群体与群体之间会产生多种形式的影响、渗透、交流、传递,同时通过一对一、一对多、多对一、多对多的渠道和途径完成。传承中国武术文化的过程就是在遵循人类文化传承的普遍规律的基础上来传送、传授、传承和传播文化内容和文化意义。武术传者要想获得预期的传承效果,就必须在全面掌握武术受众实际需要的基础上,采取科学化方式设计出最适宜的传承形式。武术传承内容的性质和水准往往会受到传者和受者价值需求的性质和水准的限制和影响。作为受众应当向传者准确反馈自身需求,作为传者应结合相关要求合理修改传承内容,从而共同推动中国武术传承的整体进程。除此之外,中国武术传承也会受到社会环境的影响,这里所说的环境具体是指围绕发生在武术传承活动周围的情况以及条件等。通常中国武术传承都会置身于相应的环境中,不同的历史阶段、民族和地区的社会关系、生活方式、文化传统、社会制度、思想意识等都会或多或少地影响武术传承,所以说在不同社会环境中应当采取不同的传承策略,如此才能为中国武术的传承和发展贡献力量。

二、中国武术传承外部因素分析

不管在古代传承中国武术,还是在现代传承中国武术,每个历史阶段的政治、经济、文化等外部环境都会对武术传承方向产生主导性作用,所以说今后传承武术时务必要营造出适宜传承的外部环境。

(一)中国武术文化交流机制

机制就是指具有规律性的模式。文化发展具有动态化特征,处于静态的文化往往已经退化甚至面临消失的危机。中国武术作为构成中华民族传统文化的重要部分,传承过程同样离不开切实可行的传承机制。

在传承中国武术的过程中,要积极而高效地构建文化双向交流机制,并在此基础上进行优化和改良,一方面要和武术文化传承规律相适应;另一方面要和时代发展需要相适应,只有这样才能在武术传承过程中保留特色。

(二)中国武术文化保护机制

全球一体化格局充分说明文化是多元的。所有国家和民族的生存都必须扎根于文化,同时通过各个民族间的文化交流和传播以及积极适应社会发展节奏来更加高效地解读文化意蕴、深挖文化内涵、阐析文化特殊价值,从而充分激活存在于特定载体中的文化,只有这样才能使具体的民族文化得到传承。联合国教科文组织指出,非物质文化遗产对确定文化特性、激活文化创造力、保留文化多样性特征有很大影响,在各类文化彼此宽容和彼此协调的过程中发挥着不容忽视的作用。在科技浪潮接踵而来以及多元文化持续而有力的冲击下,采取哪些手段保护武术文化传统并顺利踏上特色鲜明的发展道路是我国必须考虑的问题。

1.非物质文化遗产申报

非物质文化遗产集历史传承价值、审美艺术价值、科学认识价值、社会和谐价值等多重价值于一身,非物质文化遗产是国家和民族历史文化和价值观念的传承,能对国家和民族的未来发展产生很大影响。

中国武术蕴含着深厚的文化底蕴,是构成我国传统文化的一个关键部分,中华儿女有责任大力传承和弘扬中国武术文化。对于符合非物质文化遗产评选条件,并且处在濒临失传或者正在失传状态中的传统武术,当务之急是尽快开展抢救工作和保护工作。相关人士应当把武术界的各项积极因素充分调动起来,全方位、系统性地梳理中国武术的发展历程,积极学习和借鉴已经申遗成功的项目的经验,申报"人类非物质文化遗产",致力于把作为非物质文化遗产的中国武术贡献给世界各国人民。需要补充的是,"申遗"可以把人们的文化自觉充分唤醒,使中华儿女的民族自信心和自豪感得以增强,并且对中国武术形成全方位认识。

2.文化生态大环境营造

大力传承和推广中国武术需要全社会创造出良好的文化生态环境和氛围,需要牢固树立各民族和谐共生的文化生存理念。集和谐、平等、自由于一身的武术精神使全社会能真正具有人的自主性、创造性、宽容性。只有如此才能构建出良好的人类社会文化环境,使得世界文化更加丰富多彩。

中国武术拥有多元化的内容和风格,同时蕴含着中国传统文化的精粹和经典,在武术申报国家非物质文化遗产时务必要坚持整体申报原则,或者率先申报处于濒危状态的武术项目。最大限度地发挥国家在保护武术文化空间方面的作用,在每个阶段都严格遵循武术整体传承原则。

第四章　中国武术传播理论与对策研究

置身于全球化背景下的中国武术,要想使自身的传承与发展进程持续推进,就必须全面探究并掌握自身的传播原理,积极探索出切实可行的中国武术传播对策。因此,本章分别对武术传播基础理论、武术传播原理、武术传播对策进行深层次研究,并在此基础上对置身于全球化背景下的武术跨文化传播的宏观策略加以探寻和阐析。

第一节　武术传播的概念

一、武术与传播

"武术传播"由两个概念构成,即"武术"和"传播"。在现阶段,绝大多数学者都把武术概念界定为"以技击为主要内容,以套路与搏斗为运动形式,侧重于内外兼修的中国传统体育项目"。

武术界的学者们还未对"传播"界定出清晰而广受认可的概念。参照传播学文献的相关记载,把武术界的"传播"大体界定为武术信息(技术信息和文化信息)流动的过程。

二、武术传播的定义

在全面分析武术和传播的概念后,可把"武术传播"界定为"武术技术及武术文化在一定社会环境下通过一定途径在人与人之间的流动过程"。① "武术传播"概念中提及的流动由横向流动与纵向流动（纵向传播）两层含义组成。

三、武术的横向传播

武术横向流动和横向传播呈对应关系,具体是指特定历史阶段中武术在社会上的传播,不仅包括官方传播武术,也包括军队武术、民间武术、学校武术的传播等。

四、武术的纵向传播

武术纵向流动和纵向传播呈对应关系,具体是指具备传承特征的武术传播,师徒传播、家族传播、有关武术的任何传播都在武术纵向传播的范畴。

从整体来说,和武术技术传播以及武术文化传播相关的内容都是武术传播。

第二节 中国武术传播的原理

一、武术传播的产生

武术传播和人类社会是同时产生的。对于远古时期的人来说,要想生存就必须和野兽斗争,人们在和野兽的长期斗争过程中逐步掌握了很多斗争技能,同时凭借语言传播方式与动作模仿方式向其他人分享自身习得的斗争技能,从而使其他人也学会和野兽斗争的有效技能。远古时期个体间分享斗争技能的过程标志着武术传播的产生,从某种程度来说武术蕴含的价值和远古时期人们的实际需求对武术传播的产生注入了巨大推动力。技击

---

① 郭玉成.武术传播引论[M].北京:北京体育大学出版社,2006.

价值是中国武术的一项显著价值,这项显著价值也是远古时期的人们能够打败野兽和敌人的重要原因。当人们切身体会到中国武术的技击价值后,越来越期望拥有更高水平的武术技击技能,目的是充分满足自身的生存需求,人们传播武术的动力在这种情况下变得越来越强。

相关学者指出,人类生命的四项重要功能分别是获取能量、安全防卫、开发信息、生殖,其中的安全防卫占有举足轻重的地位,而武术运动能在很大程度上强化人类的安全防卫功能,促使人类的生存需要得到最大限度的满足。由此不难得出,远古时期的人们在和野兽以及敌人斗争的过程中,为满足自身生存需求和充分适应生活环境,自觉向其他人传播习得的武术技能。

武术传播史和人类发展史的时间大体一致,人类形成和进化的过程和武术传播的过程基本在同时进行,此外武术在人类发展中起到了不容忽视的作用。

二、武术传播的过程

武术传播的过程具备动态性特征,传播者在传播过程中把武术技术和武术文化传播给被传播者,同时形成了一定的传播效果,整个过程相对完整且具备系统性特征。这里着重对武术传播过程中的传播要素和传播环节进行深层次分析。

(一)武术传播"四要素"

武术传播的过程由以下四项基本要素组成,这四项要素及其相互间的联系共同组成传播过程,这四项要素缺少任何一项都不可,具体如下。

1.传播者因素

传播者、个人、组织均可作为武术传播的第一要素和环节。传播者需要完成的关键性任务是准确而快速地发送武术传播内容,妥善处理好"传播什么"与"如何传播"的问题,所以说武术传播者对武术传播过程的现实情况、武术传播内容的实际数量、武术传播内容的整体质量都有很大影响。

2.传播内容因素

对于武术传播的整个过程来说,传播内容发挥着桥梁的作用,它把传播者和传播对象连接起来。流动性是武术传播内容的显著特征,当前已经有很多种方式供传播对象选择,传播对象可以选择适宜方式来传播武术内容。

3.传播途径因素

针对武术传播途径,我们应当站在多个视角剖析并表达。站在传播形式的角度来分析,传播途径包括学校传播、师徒传播、社会传播等;站在媒介的角度来分析,传播途径包括语言传播、文字传播、电子传播、印刷传播等。

4.传播对象因素

对于武术传播的整个过程来说,武术传播对象是重点,任何人都能充当武术传播对象。但严格地说,只有真正介入武术技术传播或者武术文化传播中的对象才是武术传播对象。

(二)武术传播"三环节"

尽管武术传播过程呈现出了显著的复杂性特征,但也是有规律可循的,武术传播的四项基本要素存在着十分紧密的关系,四项基本要素依据相关规则排列组合且承担着各自的责任,并共同推动着中国武术传播。武术传播四项要素相互作用和影响的结果形成了武术传播的三个基本环节。

1.武术传播内容的传出方式

从根本上来说,武术传播内容的传出方式会受到武术传播者传播目的的决定性影响。通常情况下,武术传播者能结合实际需求选择最佳传播内容,同时借助可行性手段传播具体内容。以师徒传播为例,师父会基于自身经验和具体体会进行考虑和筛选,在此基础上利用包括口传身授在内的多重形式来传播武术道德和武术技术内容等。分析师徒传播的过程不难得出,师父的价值观和道德观是其选择武术传播内容的具体标准。很多学者在所撰写的著作中指出,师父仅可以把武术真谛传授给掌门接班人,除掌门接班人以外的徒弟仅会被传授一些表面化的内容,很多情况下嫡传弟子同样没有机会领略和见识师父的"绝招",因为师父需要凭借自身的看家本领满足生存和发展的需求,所以说不会随便把自己的"绝招"传授给他人。

对于学校武术传播而言,武术教师会运用多元化的教学手段使学生准确掌握中国武术的内容和技能,由此达到预期的武术教学目标或者武术传播目标。倘若武术传播对象是国外学生,则往往需要借助口头语言和身体语言有机结合的方式传播武术,只有这样才能获得预期的传播效果。

由此可见,传播者与传播对象务必要具备同一种"代码",同时这种"代码"要双方都理解,这是确保武术传播渠道保持通畅状态的基础性条件。在武术传播过程中,绝大多数武术传播者会运用特定手段使包括武德在内的多样化文化内容附于技术上,大力传播武术文化,认真履行相关责任和义务。需要注意的是,包括武德在内的多项武术文化的内容同样是不容忽视的武术传播内容,武术礼节是传播武德的一条有效途径。

2.武术传播内容的接受

综合分析武术传播全过程会发现,接受武术传播内容是一个至关重要的组成环节,这个环节会涉及的常见问题分别是传播者选用的传播方式、传播过程的阐释方式、传播对象的武术知识和理解能力等。要想使传播过程有序进行,就必须采用最适宜的方式方法阐析传播方式与传播过程,同时传播对象要储备丰富的武术知识、具备较强的理解能力。就这个环节来说,武术的传播与武术的接受是同一事件的不同方面。

一般来说,武术传播内容的接受和武术传播效果存在很大联系,换句话说就是关系到既定传播目的的达成情况,所以说武术传播过程中务必要兼顾武术传播对象的接受水平和理解水平。例如,相对于传统的 108 式太极拳,经过简化的 16 式和 8 式太极拳获得的传播效果更好,原因在于传播对象接受较少的传播内容往往更容易一些。

3.传播效果的反馈

传播效果的反馈是武术传播过程中一个至关重要的环节。反馈最初只是生物学领域的名次,发展至今被诸多学科领域广泛应用。从理论层面来说,倘若武术传播的反馈环节不复存在,那么传播过程也就达不到完整性要求。在传播中国武术的过程中,传播对象不断接受具体的传播内容,同时基于自身具体的感受和认识做出反应,向传播者反馈相关信息。要想使传播效果更加理想,就务必积极探寻武术传播和传播反馈之间的平衡点。作为一名武术传播者,建议其结合传播对象的反馈信息来有效调节和优化自身的传播行为,从而使传播效果获得大幅度改善。换句话说,武术传播效果是传播者向传播对象传播信息以及传播对象向传播者反馈信息的过程,如此才称得上是达到完整性要求的传播过程。

举例来说,要想对我国武术馆校传播效果形成全方位了解和认识,必须对我国各个地区的武校展开全方位调查和深层次研究,同时针对武校的社会效益展开全面考察,保证对武校做出的社会贡献有清晰明了的认识。倘若考察结果是武校的社会效益不尽人意,表明武校仅能获得短时间内的经济效益;倘若考察结果显示武校的社会效益好,表明武校往往能获得长时间的经济效益。要想加快武术馆校的自身发展,这种反馈是必不可少的。再如,倘若散打王争霸赛反馈效果能将中华民族精神与武术精神充分彰显出来,即可将其称之为有效传播;倘若这项赛事是传播血腥和暴力的恶性传播,则相关部门应当对这项赛事实施限制或者直接予以取消。

三、武术传播的功能

(一)武术传播的文化功能

1.促使武术拳种流派密切交流且更加多元化

武术传播能增进各个拳种流派之间的交流,这里所说的交流主要是指技术层面和文化层面的交流,而持续交流对新拳种或新流派的形成有催发作用。举例来说,太极拳传播过程中就相继形成了诸多太极拳流派,陈式太极拳和武式太极拳都是具有代表性的太极拳流派;在南拳传播过程中,蔡李佛拳经历了产生和发展的过程;在少林思想长期影响下,别具特色的少林拳派慢慢形成和发展着。从整体来说,诸多武术流派和拳种都是在武术传播过程中缓慢形成和发展而来,这充分彰显了武术和社会发展需要的相适性。对于武术传播过程而言,在坚持不懈的创新过程中要始终和社会发展同步,但为创新而创新的做法显然是不可行的,按照自身意愿任意改革的做法显然也不可行,务必要在创新中保留传统。举例来说,尽管少林拳先后经历了无数代人的创新,但发展至今的少林拳依旧保留着传统精髓,这也是少林拳能在中国乃至全世界快速推广的重要原因。

2.有效推进武术技术和武术文化的传承进程

武术传播的关键性功能就是传承与传播文化,武术传播能加快推进武术世代传承者对武术技术与武术文化的传承,能有效增进武术文化和其他文化之间的关联。综合分析武术传播过程会发现,某些拳种流派采取纵向传播方式,某些拳种流派采取横向传播方式,这两种传播方式都有助于保存武术技术和武术文化的传统,使武术技术和武术文化的流传速度有所加快。

3.加快推动武术拳种流派理论和技术的增值

武术传播的又一项文化功能是积淀和增值文化。纵观中国武术发展历程会发现,武术在不间断的传播过程中逐步积淀和堆积。中国武术文化积淀程度主要会受到武术传播时间的作用,积淀程度会随着传播时间的增加而有所增加。这里所说的积淀使得武术理论更加多样化,也使得武术文化理论体系朝着更加完善的方向发展,武术技术形式呈现出多样化发展趋势,武术技术水平呈现出持续提高的发展趋势,武术内涵呈现出日趋深邃的发展趋势,而这些发展变化都与文化传播规律充分符合。

文化世代传播是人类文明成果得以积累的基础性条件,从本质上来说文化并非是零碎的或者会在短时间内消失的,相反文化是一种社会沉积,文化底蕴会随着沉积时间的增加而变得更加深厚。但需要着重说明的是,文化传承和沉积过程并非是简单化和机械化的过程,整个过程并非是固定不变的,整个过程是文化持续增值的过程,弘扬、舍弃、借鉴、创造都存在于文化增值过程中,最终可实现武术技术和武术文化的增值。

针对武术传播的文化功能,我们有必要科学开展武术传播活动,最大限度地挖掘和发挥武术传播功能,由此有效夯实武术理论基础、提高武术技能水平、推动武术健康发展。

(二)武术传播的负功能

矛盾体和"双刃剑"普遍存在于所有事物中,任何事物都不可能仅存在好的一面,武术传播同样是这样。尽管武术传播具备文化传承功能,但也有一些负功能是不容忽视的,这些负功能会对武术传播效果产生很大的负面影响。

就民间武术来说,其往往凭借师徒传承形式达到传播目的,师父将武术技术内容传播给徒弟时,不可避免地会把一些封建色彩浓厚的宗法派系和江湖义气传播给学生,徒弟学习这些武术技术时会在潜移默化中接受师父持有的价值观念,由此对学生的性格发展形成显著作用,而性格会对个体行为产生深远作用,如果徒弟将这种价值观反映于自身行为中则会对社会发展产生很大影响,这正是武术传播内容直接形成的副作用导致的。

就现阶段来看,武术传播盛行于我国各个地区,绝大多数武校采取重视经济效益、轻视社会效益的发展方针,这也导致尽管一些学生在武校学习和掌握了诸多技击术,但学生缺失道德规范的问题会使其产生不利于社会安定和社会发展的行为。

"散打王"比赛开展不久就发展成为了武术传播先行军,并且产生了很大的社会影响力。一方面,"散打王"比赛借助媒体力量向社会各界人士传播武术,将很多人的注意力吸引到武术上来,带动很多人成为中国武术的习练者和研究者,在一定程度上夯实了中国武术的群众基础;另一方面,为数不少的人指出"散打王"比赛过于残酷,暴力和血腥的内容过多,使群众对武术形成曲解的可能性很大,倘若果真如此,则这就是武术传播负面效果的具体反映,即武术传播的负功能。通常情况下,武术传播负功能产生的重要原因就是相关人士未能精准掌握武术传播内容。因此,政府、组织以及个人,在传播武术的过程中务必要把采取哪些方式方法发挥武术传播积极功能考虑在内,使武术传播的负功能减少至最少。

四、武术传播的内容

(一)武术技术

以武术运动形式为划分依据,可把武术技术体系划分成演练技术和对抗技术两种类型,如图 4-1 所示。

具体来说,演练技术由徒手技术和器械技术两种类型组成,徒手技术和器械技术都包含三个小的类型,即单练、对练和集体表演。就对抗技术而言,上限是实用对抗技术,下限是竞技对抗技术,其中竞技对抗技术由长兵、短兵、散手、推手等内容组成。

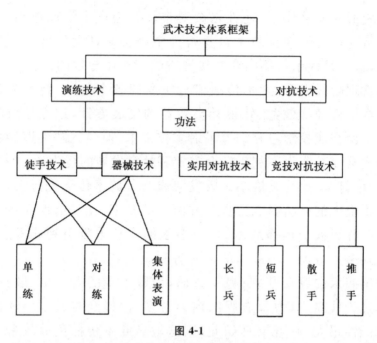

图 4-1

总而言之,演练技术训练和对抗技术训练都有达到专门化要求的练习手段,所以说功法在武术技术体系中占据着举足轻重的位置。

(二)武术文化内容

中国武术集体育的健身功能和修身养性功能于一身,合理传播武术文化能增进广大群众对中国武术的认识,增进中华儿女的民族自信心和民族自豪感。对于我国习武者而言,传播武术文化产生的显著作用就是教育作用;对于其他国家的习武者而言,传播武术文化的显著作用就是传播作用。

对于武术传播而言,和武术文化相关的传播内容分别是武德、武术史、武术传统哲学、武术医学内容、武术兵法思想、武术传统美学思想等。

五、武术传播的原则

武术传播原则是指参与武术传播的传播者基于武术传播规

律和武术传播目的,必须严格遵循的指导思想和基本要求。武术传播者准确掌握各项传播原则,有助于武术传播活动达到更高的规范性要求和实效性要求,为武术传播活动获得预期传播效果提供保障。通常情况下,武术传播者应当在参照武术传播规律和武术传播目的的基础上,吸收、归纳、整合武术传播原则。武术传播者需要严格遵循的武术传播原则如下。

(一)诚信原则

诚信是武术传播的关键点,对武术传播效果有显著的改善作用。对于中国武术的官方传播和民间传播而言,诚信都显得至关重要。

对于中国武术的官方传播来说,政府管理武术的机构就是所谓的武术官方传播者,这些机构在传播武术时要合理把握公平、公正的尺度,由此逐步获得广大群众的信任感。

对于中国武术的民间传播来说,当前需要妥善处理的问题是很多武术馆校的广告失实,武术馆校往往难以兑现广告中提及的内容,这在很大程度上会对武术传播效果产生负面影响,所以说民间武术传播务必要坚持诚信为本的原则,保证武术传播达到诚信的要求。

(二)分层原则

不管是传播武术技术,还是传播武术内容,都务必要分层开展。通常情况下,人们会将武术传播划分成浅层传播、中层传播、深层传播,如此能对武术传播产生显著的指导性作用。

(1)学校武术传播是浅层传播,由于绝大多数学生都不具备武术基础,因而直接学习难度很大的技术显然是不可行的,所以说在学校开展武术的浅层传播能提高组织武术教学的实际效率。

(2)对于师徒传承而言,弟子是浅、中层传播。

(3)分析中国武术段位制不难得出,其是由初段位、中段位、高段位三层段位组成,这三个段位依次对应的传播是浅层传播、中层传播和深层传播,这也是分层传播原则的具体反映。

(三)渐进传播原则

在传播武术技术和武术文化的过程中务必要严格遵循相关规律,相关安排和实施活动要达到循序渐进的要求。在向世界各国推广和传播中国武术时,首要任务是将竞技武术传播至世界各国,在此基础上引导世界各国人民充分了解中国武术的整体面貌。就木兰拳来说,最初传播时将妇女设定为主要传播对象,随着传播时间的增加,中年男性也被纳入传播对象的范畴中。师徒传承是一条切实有效的武术传播途径,选用师徒传承的传播途径时同样要达到循序渐进的要求,想方设法使弟子充分掌握武术技术方法和应用要点。

(四)针对传播原则

武术传播活动可以针对具体传播目的或者具体传播人群开展,这就是武术传播针对性原则的具体反映,这项原则的涉及面十分广泛。

我国传播竞技武术是相对于奥运会来说的,主要目的就是推动中国武术演变成奥运会比赛项目;我国传播太极拳针对每一位武术爱好者;我国传播木兰拳将中老年妇女作为重要传播群体;武术高段位着重针对有很高的武术造诣和为中国武术发展贡献很大力量的人群;传播散打项目主要针对青少年群体,这是因为武术散打运动不适宜老年人参与。需要补充的是,传播武术文化的过程中同样有必要严格遵循针对性原则。

六、武术传播的途径

武术传播途径就是武术传播者向传播对象传输各项传播内容的通道和路径,武术传播路径的常见类型见表4-1。

表 4-1　武术传播途径的分类

分类依据	类型
官方与民间的区别	官方途径
	民间途径
传播对象人数的多少	师徒途径
	组织途径
	媒体途径
传播内容的不同	技术途径
	文化途径
武术领域的不同	学校途径
	竞技途径
	社会途径
传播范围	国内途径
	国际途径

表 4-1 是对武术传播途径的整体性分析,被广泛应用的武术文化传播途径分别是武术谚语、武术杂志、武术书籍、武术报道、武术广播、武术影视、网络武术等。

第三节　中国武术传播的对策

一、中国武术的整体传播对策

(一)发展武术传播者

武术传播过程是以传播者作为出发点的,所以说传播武术项目和武术拳种流派需要完成的关键性任务是大力发展武术传播者。如果脱离武术传播者,则武术传播也将无从谈起。以学校武术传播为例,脱离教师的结果是无法最大限度地利用武术教材,所以说武术传播者缺失的后果就是传播内容不能传至武术学习者那里。武术传播的实际范围会随着武术传播者数量的增加而增加。对于具体的拳种流派而言,传人数量不足必然会对拳种流派未来的发展产生不利影响。要想持续而广泛地传播中国武术,必须不间断地发展武术传播者。

由于武术传播者是武术技术的载体、武术技术传播在武术传播中占很大比例、武术技术传播离不开武术传播者,所以说武术传播者是不可替代的,包括书籍和录像在内的多个传播渠道均无法替代武术传播者。要想在世界范围内传播竞技武术,就务必要大力发展世界各国的武术传播者,如此才能为中国武术在世界范围内的广泛传播提供良好保障。总而言之,大力发展武术传播者是广泛传播中国武术的首要条件。

(二)明确传播内容

中国武术的传播内容有技术和理论之分,其中理论又有技术理论和文化理论之分。明确武术传播内容是指对能够传播的内容的多少了然于心,如可供传播的中国武术有哪些内容、哪些拳种、哪些流派,传播内容的精华部分分别是哪些、对社会发展不利且不宜传播的糟粕分别是哪些内容。

除了明确武术传播内容以外,必须要明确"技术第一",武术技术在诸多武术传统内容中占据首要地位,其次才是武术文化内容。与此同时,在明确武术传播内容时要始终遵循针对性原则,具体就是选择武术传播内容时要结合传播宗旨、传播对象、传播策略三个方面的实际情况。

(三)明确传播对象

在武术传播过程中必须对传播对象形成清晰明了的认识。一些武术传播内容适宜各个年龄阶段的群体,而另一些武术传播内容只适宜特定群体。通常情况下,传统武术比竞技武术的适应范围更大一些,传统武术的绝大多数项目面对广大群众,竞技武术中面对广大群众的项目屈指可数。例如,竞技套路的传播对象是世界各国武术队运动员,传统套路的传播对象是处于不同社会阶层的广大群众;再如,竞技武术散打的传播对象是青少年群体,木兰拳的传播对象是包括妇女群体在内的多个群体。由此可见,传播相关的武术内容时,务必要对传播对象有清晰而明确的认识。

明确传播对象对制定出切实可行的武术传播战略有积极作用。例如,武术健身操的传播对象是 20—30 岁的健身人群,具体的动作设置和运动负荷安排等内容都应充分兼顾这个健身人群的各方面情况;再如,武术学术论文的传播对象是武术领域的师生,所以传播过程中要将武术领域师生的特征和实际需求考虑在内,在此基础上设计出科学可行的传播对策。

(四)适应传播环境

武术传播要和社会发展对武术的实际需要充分适应,即适应传播环境的具体含义。举例来说,基于健康和娱乐是当代人参与体育运动的主要需求,武术传播过程中就要深入挖掘中国武术中蕴藏的健身性内容和娱乐性内容,促使武术更好地满足人们的健康需求和娱乐需求,对当代人产生巨大吸引力。

适应传播环境也指武术传播要和各类群体的实际需要相吻合。举例来说,人们学习武术的目的往往有提高健康水平、预防和缓解相关疾病、了解武术文化等,在传播武术的过程中就要最大限度地适应这些要求。针对某些武术习练者要想获得武术技击技术能力的实际需求,则应当适度增加对武术技击内容的传播。针对国际友人要想在学习武术的过程中了解中国文化的实际需求,则应当在向国际友人传播武术的过程中有意识地开展文化传播活动。

从整体来说,人们的年龄、职业、层次存在不同差异,他们对武术的实际需求也会有所不同,所以武术传播者在传播过程中务必要对各个群体的特征和需求有准确而全面的认识,运用有针对性要求的传播策略,促使武术传播的实效性得到大幅度提升。

(五)及时反馈传播效果

及时反馈传播效果,并基于反馈信息调整和优化传播内容、传播手段、传播对策,往往能为武术传播活动的有序开展提供保障,具体如下。

(1)在竞技武术传播过程中,要想推进竞技武术进军奥运会的进程,就需要积极调整和改良竞技武术的技术内容和裁判法,促使这两方面的内容和奥林匹克的要求更加吻合,从而达到促使竞技武术顺利进入奥运会的目的。

(2)我国实施武术段位制和会员制后,应当在全国各地开展调查研究活动,准确而全面地反馈各项调查信息,从根本上提高解决和处理相关问题的实际效率,为段位制和会员制的有效实施提供保障。

(3)反馈学校武术的教学内容,全面了解武术教学内容和学生身体素质、学生实际喜好、学生具体需求的吻合程度,在此基础上及时调整武术教学内容,大力传播有益于学生健康成长的武术传播内容。

(六)采用多元化传播途径

在传播中国武术的过程中,务必要全方位运用多元化的传播途径,仅运用单一化的传播途径会大大增加获得理想传播效果的难度。在武术传播的实践过程中,不仅要充分挖掘和发挥师徒传播、组织传播、学校传播的作用,也要充分挖掘和发挥各种媒体资源的传播作用。

在运用多元化的传播途径时,立足于不同层面传播武术理论和武术文化是一条可行性途径,如此能更好地满足各个阶层人群的多元化需求。就没有武术基础的学生来说,借助师生传播途径能使学生在习练武术的过程中逐步掌握武术运动的知识要点和技能,当学生的武术基础相对扎实以后,可以鼓励和引导学生在武术书籍、武术录像、相关武术网址上获取相关内容。

(七)科学实施传播方式与策略

武术传播效果和传播的失败与否都会受到传播方式和传播策略的直接性作用。当武术项目不同时,采取的传播方式与策略的侧重点也应不同。针对中国武术制定奥运战略的目的就是推动武术进军奥运会、提高武术在世界各国的知名度和影响力,这里所说的目的也就是最终的传播效果。要想达到既定的传播效果,一定要大力改革中国武术的竞赛内容、裁判法以及竞赛体制等,使这些方面的内容和奥林匹克的要求相符,加大研究国际奥委会就竞技武术提出的相关要求的力度和深度。

国家武术主管部门为提高散打项目的知名度和影响力,通过多种方式对拥有巨大国际影响力和众多传播对象的拳击与泰拳等进行借力,积极组织和开展拳击和散打的对抗赛、泰拳和散打的对抗赛,一方面是为了把散打传播到原本对拳击和泰拳有浓厚兴趣的群体中,另一方面是为了使拳击和散打的传播对象逐步演变成散打的传播对象。在武术各个拳种流派的持续发展的过程中,已经定期推出了多名推动本拳种流派发展进程的杰出人物,如太极拳的杰出人物杨露禅、截拳道的杰出人物李小龙等,此外"散打王"比赛通过每年推出最新"散打王"来充分挖掘和发挥这些人的影响力,力求进一步拓展中国武术的传播范围。

武术传播方式与策略具有多元化特征,被广泛应用的武术传播方式分别是开展武术会议、组织武术年会、实行武术段位制、出版武术书籍、组织武术表演、开展武术课程等,这些传播方式都在武术传播过程中发挥着独特作用,此外武术奥运战略、武术传播全球化战略同样是发挥着很大作用的武术传播策略。

二、传统武术的传播对策

传播传统武术的主旋律是"继承与发展",具体的传播对策如下。

(一)加快传统武术的自身发展速度

1. 坚定不移地走技击健身化道路

传统武术的项目和流派都具备多样化特征,但技击技术是传统武术的主要内容。当今社会的发展现状要求,传统武术必须走技击健身化发展道路,换句话说就是把传统武术的技击技术健身化。在社会持续发展的大背景下,为达到防身自卫目的而习练武术的人数呈现出了减少趋势,很多武术习练者都旨在达到健身祛病的目标,太极拳在这方面获得了可喜的发展成果。综合分析太极拳发展历程会发现,太极拳运动为更好地满足人们的健身需求逐步向简化方向发展,并且得到了人们的肯定和欢迎。传统武术的健身作用深受广大群众的认可和肯定,所以传播传统武术的侧重点应当是传播其健身功能,如此能使传统武术的社会影响力和社会知名度得到大幅度提升。

在传播传统武术的过程中,要科学可行地处理武术技击技术,同时务必要把武术技击的精华保留下来,技击技术的精华是传统武术吸引广大群众的关键性因素。

从整体来说,传统武术"技击健身化"道路由两层含义组成,一层含义是保留武术技击技术并走健身化道路,另一层含义是促使武术技击技术朝着健身化方向发展。学习中国武术,掌握中国武术的技击技术,能获得健身和健心两个方面的效果,这才是中国武术的本质。

2. 科学选择和运用组织传播的形式

通常情况下,传播国内外武术类项目主要选用组织传播的方式,此外传播传统武术也需要挖掘和发挥组织传统的作用。和组织传播相比,师徒传播和家族传播的传播面有待拓展,否则出现技术遗失的可能性很大。

总而言之,选择并运用组织传统的方式能更加完好地保存技术,进一步扩大武术传播内容的范围,充分挖掘和调动组织力量与集体力量。

(二)将武术主管部门的作用发挥至最大

作为武术主管部门,在科学发展竞技武术的同时,也要重视和落实传播传统武术的相关工作,在传播过程中始终坚持"继承与保护"的大方向,详细策略如下。

1.坚持"百花齐放、百家争鸣"的方针

鉴于中国武术博大精深且拳种和流派众多的特点,传播中国武术的过程中应始终坚持"百花齐放、百家争鸣"的方针。与此同时,虽然传统武术拳种丰富,但至今依旧无法估算出现存数量和失传数量,所以要大力保护武术拳种和流派。

武术流派在武术发展历程中发挥的作用是:一方面,武术流派能在保护和流传传统武术民族文化遗产的过程中发挥很大作用;另一方面,各个武术流派拥有独特性特征,如此能对广大群众产生更大的吸引力,促使传统武术的群众基础更加稳固。基于武术流派的多重作用,保护武术流派显得尤为重要和必要。

但需要重申的是,流派和宗派并不是等同关系,武术流派是在继承、改革以及创新的过程中逐步形成的。从本质上来说,大拳种和小拳种都普遍存在流派现象,这也正是传统武术蕴藏着旺盛生命力的重要原因,武术发展过程离不开继承、改革以及创新。作为武术主管部门,务必要始终坚持"百花齐放、百家争鸣"的方针,对传统武术传播提供更多支持,切实加大对传统武术流派和拳种的保护力度。

2.指定传人

通常武术主管部门可以指定相关传人投身到各个拳种流派的保护工作中,但要保证指定的传人能认真履行自身职责和义务。很多调查结果显示,指定传人比挖掘和整理武术资料的实效

性更强。由于技术性是中国武术的显著特征,因而借助文字和录像的形式仅能记录某些武术内容,其中文字描述武术技术会出现"言而不尽"的问题,而利用录像展示武术技术往往浮于表面。

因此,要想全面有效的传播武术技术,就务必要选择并运用面对面"口传身授"的传播方式,通过身体感受的技击技术教学获得的实际传播效果是语言传播和图像展示无法比拟的。在很多情况下,从表面看起来并不起眼的武术动作变化往往无法借助文字精准描述出来,语言传达方式同样很难获得理想成效,只有习练者切身感受才能对武术蕴藏的精华形成深刻认识。

3. 组织与举办传统武术交流大会

组织与举办传统武术交流大会可以向传统武术提供向大众展示自身精髓的良好平台,有效预防传统武术在民间自生自灭的情况出现。组织传统武术运动会以及制定切实可行的比赛规则,也能对传统武术的传播产生正面影响。

4. 适度增加对传统套路的保护力度

纵观传统武术发展历程不难得出,世代武术习练者都是在长期归纳和研究的基础上创造出传统武术套路的。对于中国武术来说,传统武术套路是其精华部分,后辈重新编创传统武术套路往往有很大难度,所以说保护传统武术套路有很大的必要性和重要性。在传统武术传播内容中,技术是至关重要的组成内容,同时套路是技术的组合,所以说大力传播技术同样有很大的必要性,丧失技术的武术将会不复存在,很多种武术技击方法都存在于武术套路中。竞技武术的技术仅仅是构成中国武术总体的一小部分内容,被保留至今的技击内容更是少之又少,所以说保护传统武术套路对继承和革新竞技武术有着深远影响。

5. 调动和发挥高校相关院校传播传统武术的作用

在高校民族传统体育院系中,武术课程有着不可替代的地位。在高等院校科学组织和开展武术课程教学,不仅能使武术传播对象有所扩大,还能将传统武术传播至我国各个地区,也能更好地继承传统武术。对于传播传统武术的高校来说,一定要科学选拔出综合素质较高的传统武术继承人,采用多元化方式把优秀武术人才培养成传统武术传播主体。

三、竞技武术的传播对策

(一)按照奥运会的要求进行改革与创新

因为奥运会是世界范围内规模最大的体育盛会,所以对各个国家都产生了巨大吸引力。就我国来说,为了达到将武术传播至奥运会中的目的,我国相继采取了诸多措施来推动武术的国际化发展进程,力求以最快的速度向世界各国传播武术。从整体来说,要想使武术顺利进入奥运会,就务必要全面继承传统武术的精华,大力改革与创新和社会发展需求不相符的武术传播内容,整个过程如图 4-2 所示。

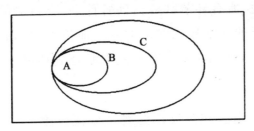

图 4-2

在图 4-3 中,A 代表传统武术,传统武术在武术发展过程中的核心地位不可撼动;B、C……代表竞技武术,竞技武术并非是传统武术的分化形式,从本质上来看竞技武术是传统武术的衍生。科学改革竞技武术,有很大可能出现竞技武术和传统武术之间距离持续增大的情况,但竞技武术在任何情况下都不可能摆脱传统武术单独存在。竞技武术是传统武术的独特发展状态,竞技武术和奥运会对运动项目提出的要求更加吻合,能对中国武术发展进程注入推动力。由此可见,在继承和改革中国武术的过程中务必要尽全力保留传统武术的本质内容,要避免彻底脱离传统武术、单方面发展竞技武术的现象出现。

发展中国武术的体育属性、抽绎中国武术中的体育内容,是继承、改革、创新中国武术的主要目的。武术是构成中国传统文化的一个关键部分,集体育的属性和功能于一身。推进中国武术进军奥运会的目的就是全方位地彰显武术的体育特性,并在此基础上发展成崭新的体育项目,所以说有很大的改革必要性。需要注意的是,各项改革措施要和奥运会提出的相关要求相符,提高武术套路的观赏性、标准性以及易判别性就是具有代表性的改革案例。

(二)组织武术表演,增加武术技术输出

对于武术的国际化传播来说,组织武术表演和强化武术技术输出都是切实有效的传播方式,组织武术表演能增强中国武术的影响力,加强技术输出能促使中国武术在世界各国生根发芽。就技术输出来说,所有环节都要达到有计划、有目的的要求,要派遣综合能力很强的武术教练前往世界各地传播中国武术,同时技术输出要做到全面输出,这与中国武术能否成功进军奥运会有直接关系。

(三)积极组织和开展国际性的武术比赛

比赛是竞技武术的一种表现形式,针对特定群体组织竞技武术比赛或者在不同类型的大规模运动会中组织正式的武术比赛,均能达到改善和提高中国武术国际传播效果的目标。

(四)坚定不移地走社会化道路

1.推行简单技术

没有武术基础的人学习和掌握竞技武术存在一定难度,同时

竞技武术更适宜向专业武术运动员传播，这两方面的现实情况大大缩小了竞技武术的传播范围。倘若要将竞技武术传播给广大群众，就必须确保竞技武术传播内容简单、学习难度小、健身效果理想。广大群众学习竞技武术往往是为了达到健身目的，他们将完整竞技武术套路选定为学习内容的可能性很小。因此，在竞技武术走社会化道路的过程中，相关人士应当在竞技武术套路中选择适合广大群众习练的技术，广大群众在习练难度较小的竞技武术技术的过程中，会对竞技武术形成更加全面的认识。

分析韩国将跆拳道传播到世界各个地区的原因会发现，主要原因是跆拳道简单易学且面向广大群众，所以才能在不同社会阶层中迅速普及开来。因此，竞技武术应当充分学习和汲取韩国跆拳道成功的传播经验，向广大群众推行和传播简单易学的技术，使其传播范围得到大幅度扩展。

2.与中国武术段位制结合

综合比较传统武术和竞技武术的技术和风格标准会发现，后者的技术和风格标准具备统一性特征，所以说针对竞技武术制定出国际范围内统一的套路规则难度较小，同时能够传播分级段位技术。包括跆拳道和空手道在内的诸多运动项目向社会大众推动段位技术都已取得了可喜的发展成效，竞技武术传播者应当积极借鉴。

实行武术段位制是推动竞技武术社会化发展进程的一条有效途径。由于段位制技术标准集明确性特征和统一性特征于一身，同时和竞技武术相一致，所以说段位制技术可以对竞技武术中的分级技术直接使用。在传播竞技武术的过程中，不但要结合奥运会提出的相关要求组织和开展技术优化与创新活动，而且要结合广大群众的实际需求学习处理武术技术，如此才能使广大群众的多元化需求得到充分满足。

从整体来说，选择并运用段位传播方式能大范围传播竞技武术，促使竞技武术的传播对象得到大幅度增加。

四、社会武术的传播对策

毋庸置疑,社会就是中国武术传播最大的阵地。向社会传播中国武术的意义是增加武术人口、推动武术群众基础得以增加、奠定传播竞技武术的现实基础。武术专业性组织传播的主要代表莫属武术馆校,当前我国武术馆校已经多达一千多所,武术馆校中的在校人数多达几百万,这些武术馆校每年能向社会输入一大批学生,进入社会的武术馆校学生在社会各界传播武术,可以对中国武术的发展进程产生强有力的直接推动力。基于此,我国应当深入挖掘和发挥武术馆校的传播作用,制定达到专门化要求的武术馆校传播对策和社会武术传播对策。

通过综合分析得出,切实可行的社会武术传播对策包括以下几种。

(一)建设武术传播场所

武术传播场所就是指武术传播的具体环境,其是开展武术传播活动必不可少的条件。通过全面调查发现,我国武术馆数量偏少的现实情况在很大程度上影响了中国武术的社会化发展进程。跆拳道之所以能成功传播至世界各国,和其国际传播网络的形成有很大关系。

要想改善传播社会武术的实际效果,当务之急是大力建设武术传播场所,公园空地、小区空地以及体育场所等均可充当武术传播场所,此外武术馆也能充当武术传播场所。我国要致力于使武术传播场所遍布世界各个地区,同时从根本上推进中国武术的大众化传播进程,为社会武术大范围传播提供重要保障。

(二)充分发挥武术馆校的传播与教育功能

武术馆校不但是能发挥显著传播作用的武术传播组织,而且是达到专业性要求的组织。一方面,武术馆校在传播武术内容时需要达到的首要条件是"诚信",严禁因想获得短期经济效益而借助传播虚假广告的方式欺骗广大群众；另一方面，武术馆校要着重向学生传播武德，有效增强中国武术的教育功能。接受系统性武术教育的学生应当是讲道德、致力于为社会发展贡献力量的人。侧重于向学生传播武德的武术馆校获得的社会效益往往很可观，忽视传播武德必要性和重要性的武术馆校往往会对社会发展产生负面影响，并且也不利于自身的可持续发展。

需要补充的是，武术馆校不单单要重视文化教育，同时要致力于使习武者的文化素养得到大幅度提升，如此才能确保武术馆校朝着良好方向发展。

(三)充分挖掘和发挥武术的健康、娱乐功能

相关学者指出，21 世纪体育的大体走向是健康和娱乐，这个发展走向也充分反映了广大群众在体育方面的基础性需求。相关人士调查和分析体育锻炼者参与体育运动的目的得出，健康和娱乐分别排在首位和第二位。健康和娱乐的社会体育发展要求使得武术必须达到新近的要求，即传播武术时务必要最大限度地发挥武术的健康功能与娱乐功能，有目的、有意识、有计划地传播集健身性特征和娱乐性特征于一体的武术技术，从而使现代人的健康需求和娱乐需求得到充分满足。

(四)适度增加对社会武术指导员的培养力度

社会体育指导员是置身于广大群众身边的体育固定传播者，在社会体育发展过程中发挥着很大的推动作用。自我国贯彻和落实社会体育指导员等级制度以来，社会体育指导员的总人数不断增加，整体质量不断提升。但通过整体分析不难发现，在我国体育人口持续增加的大背景下，社会体育指导员依旧处在严重不足的状态下，广大群众的多元化需求往往很难得到满足，同时向社会各界传播武术必须充分依托社会体育指导员的作用，所以说国家武术主管部门应当积极制定切实可行的政策，确保社会体育指导员制度可以落到实处。

社会武术指导员是发挥着显著传播作用的武术传播主体,其面向广大群众,同时对中国武术在社会各个领域的大范围传播和可持续传播有很大影响。在培养社会武术指导员的过程中,可以结合具体项目的实际情况培养各项目指导员,也可以参照中国武术段位培养社会武术指导员。

(五)结合广大群众参与体育锻炼的目的传播武术

因为不同人群在体育方面的实际需求存在差异,所以要在分析和结合各类人群实际需求的基础上开展武术传播活动,认真筛选武术传播内容。常见人群的体育需求见表 4-2。

表 4-2　不同人群的体育需求①

社会主要人群	体育需求
女性	健美
男性	参加比赛、社交、防身
60 岁以上的人群	弥补运动不足、提高修养
25 岁及以下人口	健美和比赛
文化程度低的人群	防身、观赏
文化程度高的人群	提高修养水平
脑力劳动者	弥补运动不足、提高修养水平、健美
体力劳动者	观赏、快乐、防身
未婚人口	比赛、健美
已婚人口	快乐、弥补运动不足
农村人口	比赛、防身
第一产业人口	快乐
第二、三产业人口	弥补运动不足
学生	比赛、健美、提高修养水平
多病人口	健康

① 郭玉成.武术传播引论[M].北京:北京体育大学出版社,2006.

在传播武术的过程中,建议在结合不同人群实际需求和相关特征的基础上,选择最适宜的武术内容进行传播。举例来说,对于想要参与武术赛事的人群应着重传播竞技武术,对于想要达到防身自卫目标的人群应着重传播传统武术和散打,对于想要提高自身修养的人群应当着重传播传统武术文化。

(六)正确认识组织传播,全面发挥组织传播的功效

在很早之前,就出现了借助组织形式在社会各个领域传播武术的现象,同时获得了可喜的传播效果,宋朝的"锦标社""角抵社""英略社"等都是武术获得良好传播效果的典型代表。发展至近代,"精武体育会""中华武术会"等组织同样有效传播了中国武术。直至当今社会,借助组织形式传播武术的范例同样有很多,其中木兰拳协会就是一个典型。

纵观社会武术的传播历程不难发现,组织传播产生的作用不容忽视。发展至今,体育的社会化已经获得法律层面的保护。武术作为民族传统体育项目,同样有必要把发展武术组织设定为一项关键性目标。一方面要积极构建完善的社会武术传播体系,另一方面要坚定不移地走武术组织传播的道路,由此从根本上推进社会武术的传播进程和发展进程。

从整体来说,武术组织传播是一个广泛的概念,大组织和小组织都包含其中,但只要有助于武术传播的组织都存在提倡的必要性。

五、学校武术的传播对策

(一)开设武术课程

要想使武术真正走进学校、融入广大学生的学习和生活中,就必须要尽全力获得教育部的大力支持,同时要在学校开设武术课程,由此从根本上解决师资问题和课程内容问题。具体来说,师资问题就是武术传播者的问题,学校应当招聘并配备达到专业

化要求的教师上武术课;课程内容问题就是武术传播内容的问题,学校和教师都要对向学生传播哪些武术内容有清晰而确定的认识。

从当前来看,国际武术运动管理中心已经把发展学校武术纳入重要日程,同时获得了不俗的成效。学校开设武术课程和传播武术内容的过程中,需要达到的首要要求是务必要和学生的体质要求充分适应,有计划地传播集代表性特征和安全性特征于一体,并且可以彰显武术文化性特征、娱乐性特征以及技击性特征的内容。

(二)开展学校武术比赛

学校武术可持续发展需要武术赛事推动作用的充分发挥,所以要定期举办学校武术比赛,最大限度地发挥武术赛事对武术的传播作用,促使武术对更多学生产生强有力的吸引力,充分调动和激发学生习练武术的主观能动性,最大限度达到武术人口大幅度增加的目的。组织学校武术比赛时有很多种形式可供选择,如班级比赛、年级比赛、校际比赛、地区比赛、全国比赛,此外学校应向学生提供参与国际性武术比赛的机会。

(三)发挥武术的文化教育功能

武术是文化艺术项目中的一种,具备显著的文化艺术教育功能,不仅有助于民族精神的弘扬,也有助于民族凝聚力的增强。综合剖析弘扬与培育民族精神的教育不难发现,武术教育是一条切实有效的实施途径。

自很早开始,我国就高度重视借助文化艺术教育培养与弘扬民族精神的方式方法,原因在于这和我国社会主义文化建设存在直接性关系。保存和维护民族文化艺术以及促使民族文化走向世界,从本质上来说均属于弘扬民族文化和民族精神的具体反映。分析中宣部和教育部大力倡导培育青少年民族精神的原因不难得出,主要原因在于我国各级院校在很长时间内都过度重视应试教育,忽视了重视素质教育的必要性和重要性,这造成很多青少年学生和大学生对我国传统文化知之甚少,同时造成我国多个领域的拜金主义倾向和享乐主义倾向越来越显著,传统文化价值遭到了前所未有的冲击,最终对全社会的稳定和发展都产生了极大的负面影响。长此以往,这种世界观和价值观会对青少年群体产生深远影响,引导青少年群体的高尚精神和正确价值观会不复存在,青少年群体的迷茫感会越来越重。基于这些情况,针对青少年群体培育与弘扬民族精神就显得至关重要。

民族精神教育应当渗透于所有学科,体育学科也不例外,在文化教育与身体教育充分统一的武术教育中渗透民族精神教育是相当必要的,原因在于中国武术中蕴藏着深厚的传统文化,武术教育的本质就是全方位的传统文化教育。科学组织和开展武术教育能使学生增强民族自尊心和民族自豪感,此外能有效弘扬民族精神。

学校和武术教师必须要保证武术的教育功能被发挥得淋漓尽致,保证武术教育在弘扬民族精神和强化民族凝聚力两个方面发挥出最大的作用。武术教育不但是学校武术传播的一条可行性策略,而且是促进民族复兴负有的历史使命。

第四节　全球化背景下武术跨文化传播的宏观策略

一、加强武术的文化身份认同,实现平等对话

就文化身份来说,不但要分辨一种文化和其他文化的品格,而且是置身于该文化中了解人们对其文化身份形成的认同。在当今社会,我们每个人固守和弘扬民族文化和民族精神,可以理解成在跨文化传播过程中建构自身文化身份的基础条件和保障条件。

在文化全球化的大背景下,文化身份被人们放置在崭新的语境中,个体的民族性和主体意识持续接受着"他者"文化的冲击。在这种情况,倘若我们依旧对本民族的传统文化与民族文化采取陈旧的态度进行保护或者审视,则必然会使民族精神向心力呈现出逐步弱化的态势,国家和民族的文化抵抗力以及文化发展的动力也会越来越小。

在这种情况下,我们对自身传统文化和民族文化具备文化自觉就显得至关重要。对于中国武术而言,要想在文化全球化过程中对自身文化版图加以固守和弘扬,就需要在每时每刻都保持平常心,以谦虚的态度向"他者"文化学习和请教,积极借鉴"他者"文化中有益于自身发展的内容,同时要树立强大自信心,以信心满满的姿态和"他者"文化进行平等对话,如同学者费孝通先生所说的"各美其美,美人之美,美美与共,天下大同"。

二、加大对武术自身的优化力度和变革力度

在全球化背景下,"文化版图"遭遇巨大挑战已经成为我们必须正视的现实问题,这种情况不只是和西方新殖民文化的长期侵蚀存在很大关系,还和中国武术的持续变革和具体选择有很大关系。从本质上来说,中国武术的自身变革和选择是武术文化持续进步的动力和源泉。

以陈式太极拳为例,相关人士在充分吸收戚继光的"太祖三十二长拳"精华内容的前提下展开编创活动,随之出现了杨式、孙式、武式、吴式等各式太极拳,在当今社会持续发展的赵式和李式太极拳同样是由此发展而来的,倘若把新中国成立后新编创的24式、48式、42式、88式等加入其中,太极拳的发展演变不得不说是一个成功案例。从根本上来说,多样化的太极拳运动形式是太极拳自身发展需求和其他拳种充分交流、充分融合后产生的结果,之所以出现这些变化主要原因是太极拳本身内部包含者变化的原因,次要原因才是太极拳和其他拳种之间的联系形成了外界促进变化的条件,太极拳内部的原因是其出现变化的根本性原因。

由此可见,恰恰是太极拳的自身发展需求这项根本性原因使得后期出现了多种形式的太极拳。中国武术能够从太极拳发展历程中借鉴的经验是:中国武术应自觉舍弃某些话语与意识程式的主动权,舍弃本身并非是坏事,但重中之重是必须对应当舍弃的内容和应当守护的内容有清晰的认识,否则就会舍弃了不应该舍弃的内容以及守护着无需守护的内容。

纵观中国武术的发展历程会发现,其是在植根于中华文明的土壤中逐步发展起来的,从某种程度来说中国武术是中华传统文化的杰出代表。但我们必须正视的是,中国武术中确实存在很多沉渣流弊,急需我们利用历史的、唯物的、辩证的态度进行分析和梳理,如此才能形成关于中国武术的客观性评价,才称得上是对武术和历史负责,才能从根本上推动中国武术的发展进程。分析现阶段的中国武术研究成果不难发现,武术研究整体上呈现出了"百花齐放、百家争鸣"的态势,毋庸置疑这必然能在武术发展历程中注入推动力,但有很多值得我们深思的地方。举例来说,当前我们并未弄清楚中国武术发展过程中很多东西,未能厘清我们应当如何审视传统武术和竞技武术之间的关系、武术和传统文化之间的关系,未能探寻出处理武术和外来文化关系的可行性策略,而这些方面都值得我们深思。

就中国武术中固有的优秀文化来说,我们应当进行深度辨识,并且在深度辨识的基础上加大维护和弘扬的整体力度;就中国武术中固有的文化糟粕来说,我们不仅要进行深度辨识,也要最大限度地加快舍弃和剔除的整体速度,对剔除文化糟粕速度有决定性影响的因素是社会的辨识是否到位和深刻以及社会发展中新思维、新事物、新方式是否具有强大的生命力。从整体来说,中国武术版图不只是需要当代人的固守,更需要当代人积极拓展,拓展中国武术版图的根本力量是全民族自觉优化和变革。

第五章　中国武术传承的本根研究

从本质上来说,中国武术传承的本根研究就是对武术本质与价值的研究,本章分别从中国武术的健身价值、防卫价值、教育价值、娱乐价值、经济价值、社会价值六个层面展开研究,力求有效夯实中国武术传承本根研究的基础,为中国武术多重价值的传承和发展提供理论指导。

第一节　中国武术的健身与防卫价值

一、中国武术的健身特征和攻防特征分析

(一)中国武术的健身特征分析

(1)仅立足于健身的视角来分析会发现,中国武术需要习武者全身各个部位都参与其中的运动项目。

(2)中国武术对习武者提出的要求分别是:不仅要拥有长拳的快速和太极拳的稳健,还要具备特定的肌肉力量,也要具备良好的协调性和很高的柔韧素质。

(3)中国武术提倡以人的整体发展作为出发点和立足点,将身体内外兼修作为习练的侧重点,主张整个习练过程要由内向外、循序渐进,最终达到意行合一的高度。

(4)武术的基本组成部分就是不同类型的拳术的套路,习练这些套路能使人体的柔韧素质、灵活素质以及协调素质得到大幅度提升。

(5)武术反复重申的另外一个侧重点是调息行气和意念活动,如此能将习练者的人体内部环境逐步调节至平衡状态,并在基础上产生调养气息、改善人体机能的功效,换句话说就是发挥出强身健体的作用。

(二)中国武术的攻防特征分析

和人类社会的所有事物相同,武术同样也起源于人类生产斗争这个最基础的实践活动中。对于远古时期的人们来说,要想生存下去就必须和野兽进行搏斗,要想生活得更好就必须猎取食物,他们在满足生存需求和生活需求的过程中慢慢掌握了很多格斗技能和扑杀技能,同时制造和使用了很多原始特征显著的武器。武术的练习形式和内容都具有多样化特征,具体是由踢、打、摔、拿、跌、击、劈、刺等动作组成徒手的和器械的各种攻防格斗搏击技术和套路。发展至今,武术的常见表现形式分别是散打和套路,其中散打属于对抗性项目的范畴,侧重于实用技击方法,对抗性特征相当显著,而套路运动则是由攻防格斗动作组成的。

在武术运动的多个方面都充分反映了攻防格斗特征,如不同类型的拳法在技击方法和技击原理两个方面的攻防特征都十分显著。举例来说,长拳动作灵活快速、刚柔相济、踢、打、摔的动作流畅,力点清晰;南拳手法多样、动作紧凑、劲力刚健;太极拳以静待动、以柔克刚、四两拨千斤等。与此同时,器械又参照不同种类衍生出了很多种使用方法,实战搏击的打法也呈现出了多样化特征。现代武术作为体育运动中的一种,在技术方面严格遵循攻防规律,同时把技击寓于散打运动与套路运动之中。对于个体而言,学习武术能使其竞争意识和拼搏意识有所增强,也能使其防身自卫能力得以增强。

二、中国武术的健身价值分析

(一)中国武术对疾病防治的影响

中国武术能有效预防很多疾病,这里着重对其预防心脏病、预防癌症、预防关节疾病的作用进行阐析。

1. 预防心脏病

心脏病是现代社会发病率很高的一种疾病,世界各国都呈现出了心脏病高发病率的趋势。现代医学研究指出,年龄高于 40 岁的人群更容易患心脏病,特别是长期从事脑力劳动的 40 岁以上人群。

习练中国武术的意义在于:一方面,能使个体的冠状动脉循环得到改善,有效增加冠状动脉中的供血量,使身体的血脂浓度有所降低;另一方面,可以有效预防心肌缺氧与心肌缺血这两种情况出现,促使个体的心脏功能有所增强,有效降低患心脏病的可能性。

2. 预防癌症

对于任何人而言,癌症都是其维持和延续生命的克星。发展至今,癌症仍未被彻底攻克,所有治疗方法只能产生将生命延续至特定时间的作用。但现代医学和体育学的相关研究成果指出,习练武术项目,特别是习练易筋经和六字诀等气功项目,能有效预防癌症。

相关的实验研究指出,坚持参与武术练习能有效改善身体内部免疫细胞的组成结构,有效增强细胞膜上受体的活性,此外能使血液免疫细胞的含量出现大幅度增加。就免疫细胞膜上受体来说,其最显著的作用是发现入侵体内的病菌或出现病变的细胞,在此基础上将其彻底消灭掉。与此同时,有规律地参与武术运动能有效刺激胸腺,进而增加身体分泌出胸腺素的实际数量,而胸腺素能提高免疫细胞活性,逐步恢复病人已经呈现出退化趋势的免疫系统,最终有效增强其免疫系统的功能。除此之外,参与武术运动可以有效调节身体内部的内分泌系统,促使身体内部不同类型的激素保持在正常状态,使武术习练者患有癌症的可能性大幅度降低。

3.预防关节疾病

当人体参与武术运动时,身体的绝大多数关节都会参与到这项活动中。多项武术项目都呈现出了别具一格的特征,都能使人体包括肘关节和肩关节在内的多个部位的关节得到充分锻炼。总之,对于参与武术运动的个体来说,不仅能使其肌肉韧带强度得到有效增强,也能使其关节更加灵敏,还能使其关节的柔韧水平得到大幅度提升,对关节炎和骨质疏松等疾病的发生也有显著的预防作用。

(二)中国武术对人体运动系统的影响

在锻炼人体运动系统时,西方国家倾向于通过集见效快和直接性特征于一体的器械训练,来快速强化人体骨骼、肌肉、关节的力量;中国武术往往会在结合人体正常新陈代谢的基础上进行锻炼,不会单方面追求锻炼效果,如此和人体发展规律更加吻合。对于个体而言,骨骼生长至关重要,个体习练武术时完成的系统性套路运动,会向处于生长状态的骨骼提供源源不断的外部刺激,逐步将骨骼中的有机物和无机物调节至平衡状态,由此使人体的骨骼更加成熟。

在发展肌肉的过程中,武术运动不会刻意塑造肌肉和增加人体爆发力,相反始终致力于推动肌肉朝着适度、均衡、健康的方向发展;武术习练过程中配合使用深层肌肉与全身肌肉的做法,有助于肌肉不间断且循环往复地战胜各种阻力,人体完成重复且有意识的武术习练活动后,其肌肉力量必然会有所增强,在满足学习需要和生活需要时也会变得容易很多。除此之外,人们坚持参与武术运动能使其关节稳固性得以增强、关节面的骨密质得以增厚、关节周围的肌肉力度得以增强、肌腱和韧带变得更粗,最终使得关节柔韧性朝着更好的方向发展。由此不难得出,武术运动充分遵循了人体生长发育的规律,促使人体运动系统朝着更加健康的方向发展,对个体以更高的效率完成学习任务和工作任务有积极作用。

(三)中国武术对人体神经系统的影响

通常来说,大脑发出命令是人体从事不同种类活动的前提条件,当神经系统发挥传导作用后人体各项机能会更加协调、密切配合,由此确保机体和外界环境处于平衡状态。对于参与武术运动的个体而言,所需完成的动作难度越大,对其肌肉力量和身体平衡能力的要求就越高,当大脑与神经接收到外部刺激后,神经细胞的工作量会持续增加,而神经细胞要想完成日益繁重的工作就不得不吸收更多能量和氧气,而大脑和神经系统会在能量和氧气充足的情况朝着更好的方向改善。对于武术运动参与者而言,坚持参与武术练习能使其神经疲劳感慢慢消除,也能为其拥有较高的睡眠质量、敏捷的思维、清醒的头脑、较高的学习效率和工作效率提供保障。

(四)中国武术对人体循环系统的影响

循环系统是人体的细胞外液及其借以循环流动的管道组成的系统,同时是血液循环的动力与管道系统,两个主要组成部分分别是心血管系统和淋巴系统。从整体来说,循环系统的显著价值是把氧气、激素、营养物质源源不断地输送至维持身体不同部位的器官、组织以及细胞中,同时高效排除输送目的地的代谢物,为身体完成正常生理活动提供重要保障。

构成心血管系统的两个组成部分分别是血管和心脏。血液循环由心脏和血管形成的,血液循环能把氧气和营养物质输送到位于身体不同部位的组织、器官以及细胞中,并且把组织细胞中的代谢产物输送到排泄器官中。人体内部的循环系统在任何时间都处于规律性运动状态,所以说个体参与武术运动能使其循环系统功能有所增强。个体参与武术运动对其循环系统产生的影响反映在以下几个方面。

1.改善心血管系统的功能

中国武术在改善心血管系统功能方面的作用是不容小觑的。

具体来说,个体认真参与武术练习,尤其是认真参与棍术和剑术练习,不仅会使其血管收缩度、血管舒张度、毛细血管量得到大幅度增加,还会使其血液流通速度得以加快,从而加快向身体各部位组织细胞流通的实际速度,最终使相关细胞和组织获得更多的氧气与营养物质,此外机体组织和细胞代谢过程中形成的物质被运输至排泄系统相应器官的实际速度也会更快。整个过程不但能增强个体肌肉耐力,而且能使肌肉出现疲劳的时间推后。

总之,参与武术运动锻炼能使心血管功能得到大幅度改善,能使人体心脏细胞对血液和氧气的供应更加充分,能使个体患有心脏疾病的可能性大幅度降低。

2.提高细胞和组织的活力

把参与武术运动作为锻炼身体的一种方式,能使身体内部的白细胞数量和红细胞数量有所增加。就白细胞来说,其具备极强的免疫能力,同时形成的抗体能抵御侵入人体内的细菌或病毒,进而使身体维持在健康状态;就红细胞来说,其中包含很多具备携氧能力的血红蛋白,红细胞数量越多意味着血液携带的氧气就越多,而氧气供应越充足意味着身体参与运动越轻松,反之身体的疲劳感就会越重。诸多实践活动表明,个体参与武术运动能使其身体内组织和细胞的活力得以增强,也能使其血液运氧水平和免疫力水平得到大幅度提升,还对运动疲劳有减缓作用。

3.促进新陈代谢更快的转化

人们要想维持正常的生理功能,不仅要把身体内部的代谢产物及时排出体外,也要通过合理的膳食补充来摄取机体所需的营养物质,这是机体进行有序新陈代谢的保障条件。就机体排泄过程来说,要想向有关系统运送代谢物质就必须充分发挥血液循环的作用,所以说个体参与武术运动不只是能达到改善心血管系统功能的目的,还能达到加快新陈代谢速度的目的。

（五）中国武术对人体呼吸系统和免疫系统的影响

第一，不同的武术锻炼在形式、强度、难度三个方面存在或多或少的差异，个体参与强度存在差异的武术练习，能达到锻炼心肺功能、强化呼吸肌功能、加大胸腔变化幅度、提高呼吸质量、使呼吸和动作节奏充分融合、耐力素质和体力水平大幅度提高的目的。

第二，中国武术讲究精、气、神，习武者为获得预期的动作效果往往会有意识地提气、憋气、沉气等，如此能使其呼吸系统得到有效锻炼。

第三，参与武术锻炼能对参与者的免疫系统产生巩固作用，特别是能对其淋巴系统产生显著的巩固作用，增加参与者机体抵抗疾病的能力。

（六）中国武术对人体消化系统和内分泌系统的影响

在个体参与武术训练的过程中，不仅会消耗能量，还会加快物质代谢素质，进而使身体内环境保持相对稳定的状态，降低机体出现疾病的可能性。

三、中国武术的防卫价值分析

（一）中国武术在当代具有安全保障功能

1. 武术在社会公共安全中的作用

分析古代的作战士兵会发现，他们往往都掌握或多或少的武术技能，武术动作和武术技能是其作战打仗的一种手段，军事色彩相当浓郁。就当今社会来说，包括武警和特警在内的多种准军事特种职业都高度重视搏斗和擒拿等多项技能的培养。详细来说，这些行业的特殊性反映在两个层面：一方面受相关法律的影响，很多情况下不允许持有武器；另一方面，和敌人搏斗时为制服敌人常用的手段是单对单的徒手或持械格斗、擒拿。基于此,这些行业的专业人士往往采用擒拿、散打、空手夺械等克敌制胜。

2.习武自卫功能与民间尚武的兴起

在民间和社会,居民参与武术运动能或多或少地弥补社会治安力量不足的现实问题。恩格斯指出,自社会分裂成阶级之后,居民的自动武装组织已经演变成不可能事件。构成这种权力的不单单包括有武装的人,也包括监狱和不同类型的强制设施在内的多种物质的附属物,而这些东西在过去的氏族社会是无法找到的。深入分析恩格斯论述的观点会得出,"公共权力"包括"宪兵队等武装的人、监狱和强制设施",在阶级对立程度持续增强的过程中产生了持续强化的必要性。但是"以群的联合力量和集体行动来弥补个体自卫能力的不足"则需要相关人士参与相关锻炼后才能拥有。由此可见,普通大众学习武术能达到保护自身的目的。

诸多调查结果显示,气候恶劣的偏远山区和分布多个民族且矛盾尖锐的地区往往盛行习武风气,其中在社会治安环境有待改善的地区表现得最为明显。

(二)武术与当代军人精神的塑造

武术具备锻炼军人顽强意志品质和敢作敢为精神的作用,而促使军人形成优良品质对当今社会提出的军事富国强军具有深远意义。尽管新时代的战争已经发生了很大变化,然而军人依旧是战争的主宰,因而武术对军人精神修为的价值依旧能被彰显出来。

在很早之前,人们就已经认识到武术具有塑造军人精神的作用,如梁启超的《哀同胞之将亡》、罗廷光的《国家主义与中国小学课程》、范振兴的《我对于国术的所见》中,都提出了武术能培养军人战斗精神的观点,此外孙中山先生也深刻认识到武术和国家强弱以及民族兴衰之间的联系。

以人体间对抗为显著特性的中国武术的出现时间要比军事的出现时间早很多,保护自身安全和自身利益是武术持续发展的内在动力。在社会分工呈现出日益细化的发展走向后,私有制逐步形成,阶级社会应运而生。发展初期的武术运动为随后出现的军事奠定了原始兵器、格斗技术以及人力资源等多个方面的基础。就冷兵器时代来说,武术功夫和军事武艺之间呈相互交汇、相互融合、相互促进的关系。在战争形式持续演变和战争规模日益扩大的双重背景下,呈现出集团化特征的军事和侧重于个人防卫技艺的武术运动之间的差异越来越多;自不同类型的火药武器出现以后,军事武艺慢慢消失在人们的视野中。

总而言之,武术得以发展的内在动力是广大群众的社会需求,武术发展至今依旧在公安、特警、治安等公职部门发挥着独特价值。防卫功能是武术得以存在的基础,更是武术最显著的功能之一。

第二节　中国武术的教育与娱乐价值

一、中国武术的教育价值

(一)中国武术教育价值的内涵

就我国的"文化"一词来说,其本身就蕴含着"以文教化"的思想内涵。武术教育价值起源于武术运动的文化内涵,这不仅反映了将武术作为学习内容来传授生活经验的社会活动,也包含对培养社会成员的社会现象,从本质上来说武术培养社会成员的社会现象就是向社会成员传递社会经验的必要过程。由此可见,武术教育集本体价值和社会价值于一身。

教育,既是组成文化的一个重要部分,也是文化得以传递、改革、创新的一项有效手段,所以说教育在文化中的地位举足轻重。

具体到武术教育,则是武术文化得以留存、传承、改革、创新的一项有效手段。很多学者提出的观点都客观体现了古代社会开展武术教育的目的,如亚里士多德指出尚武教育的目的不仅是保护自己、防止自己被他人奴役,也是为了获得领导的地位,但这里所说的领导并非是想要树立普遍奴役的体系,而是旨在维护受领导者的利益,更是原本有奴性的人们借此成为主宰的一条途径。

(二)中国武术的教育价值解析

1.培养人的内心素质

中国武术中蕴含的武德能有效培养个体的心理素质。纵观中国武术的发展历程不难发现,中华文化对中国武术发展产生的影响体现在多个方面,在中华文化长期作用下武术表现形式逐步形成,中国浓郁的传统文化色彩反映在武术运动的方方面面。人们要想对武术形成客观而全面的认识,就必须深入挖掘和研究武术中蕴含的文化底蕴和多重内涵。

"文以评心,武以观德"出自中国武术文化,这句话充分反映了武德在武术文化中占据着不可替代的地位。在武术文化形成和发展的过程中,长期积淀而成的道德修养是习武者务必要学习和掌握的,并且受到了武术各家的高度重视,武术家和武术练习者与社会各界人士的沟通往往需要凭借"崇德扬善"的观念加以调节,由此推动广大习武者逐步发展成为品德和武术技艺同步发展的武术继承人。

从字面意思来看,武德是指武术道德,很多学者就武德提出了不同的观点。一些学者指出武德就是"尚武崇德"的精神,还有一些学者指出武德就是参与武术练习的人反映出的道德品质,绝大多数学者认同武德是习武者行为规范的要求的总和的观点。详细来说,武德主要包括习武者在社会活动中具备的道德品质以及应当严格遵守的道德规范和行为准则,武德是武术习练者人际关系得以协调的重要内容,武德能对武术习练者的个人修养、道德水平、精神境界、武术利益等多个方面产生一定程度的影响,武德渗透在拜师、收徒、教武、习武、用武等多项武术活动的全过程中。从整体来说,武德是社会伦理道德在武术领域的实际运用,对习武者提出的要求是将练武和修身有机统一起来,此外武德把崇德和尚武联系在了一起。

中国武术中的武德详细反映在"仁、义、礼、信、勇"这五个方面。首先,"仁"的基本含义就是博爱和关爱他人,从某种程度来说"仁"中蕴含着人的全部道德意识,武术练习者德性的最高境界就是"仁";其次,"义"指的是依人而行的标准、方式与手段,是对人的行为强调规范和遵守相关准则;再次,"礼"着重指谦卑和尊敬的心理,换句话说就是人们待人接物、为人处世、处理社会关系的礼节,具体到中国武术中则反映为武术切磋中包括抱拳礼在内的礼节;然后,"信"是指诚实守信和谨遵承诺,具体到习武者身上就是要讲信用、重承诺,最后,"勇"是指在个体在达到仁爱、守义、明礼、知信四项要求的基础上积极采取的行为活动,换句话说就是见义勇为的精神。

虽然中国武术的本质特征是技击攻防,但其基础性道德属性是对"仁爱""人和"等精神的推崇。在不同社会发展阶段,武术对习练者提出的道德规范要求往往会因拳种门派不同而呈现出或多或少的差异。从整体来说,武德的内容就是习武者在社会生活、拜师择徒、传授武艺、运用武艺等方面提出的具体要求。

通过全面性分析不难发现,在中国武术中蕴藏着数千年的历史传统,包含的优良品质分别是重视礼节、信守承诺、尊师重道、舍己为人、顽强不屈、行侠仗义、刻苦求进等,中国武术中蕴含的这些优良品质不仅有助于国民优良民族性格的塑造,也有助于国民独特思维模式的产生和发展。分析国人的思维方式会发现,国人侧重于直觉和实际,而中国武术要求习武者在亲身参与武术实践活动的过程中深刻感受武术的意蕴、武术的意境、武术的技巧,所以说习练武术的过程是习练者提高体质水平和净化心灵的过程。对于社会经验偏少的年轻人来说,中国武术中蕴含的文化教育价值会在第一时间被年轻人大脑接受并发展成为稳固且持久的文化基础，能对年轻人终身发展产生深远影响；对于社会经验较多的成年人来说，中国武术中蕴含的文化教育价值会使成年人在接受道德美德、伦理品质、人生理念的长期影响和洗礼的过程中，使其思想道德水平得到大幅度提升。总之，中国武术变化多样的人体动作能将习武者的思想、道德、意念、美感、文明程度充分彰显出来，中国武术具备的文化教育价值在人类多重文化中以及人类发展历程中都有所体现。

2.锻炼人的意志品质

中国武术有助于个体意识品质的形成和增强，中国武术习练活动往往能从很多方面考验习武者的意志品质。例如，对于习练武术时间较短的习武者来说，必须要认真练习基本功，而基本功练习环节很考验习武者的身体，习武者必须要坚定不移地战胜身体上的疼痛；再如，对于习练武术套路的习武者来说，必须具备忍耐枯燥和煎熬的意志力以及吃苦耐劳的意志品质。习武者坚持参与武术练习，会逐步形成良好习性和意志品质。

3.促使人身心和谐

就和谐来说，不仅是中国传统文化的精髓，还是中国传统文化的最崇高的价值原则，也是中国传统文化和西方文化的一项显著差异，在中国传统文化发展历程中发挥了显著作用，此外中国传统文化因和谐而逐步定下了自身发展基调。重视和谐，一方面是在致力于追求人和物的共生共存，另一方面是在致力于追求人和自然之间的和谐、人和社会之间的和谐、人体内部和人体外部的和谐。在不同历史时期，社会各界都高度重视和重申和谐发展的重要性，因而学习武术但不提倡暴力的观点在很早之前就被提出，同时主张借助"礼"来调节个体间矛盾。

中国传统文化大力倡导个体身心内外的和谐，因而在任何武术流派和拳种的操练过程中都提倡要"内三合"和"外三合"，此外指出习武者身心需要充分统一,从根本上说习武者身心充分统一就是指其身体和心理要和谐发展。在中国传统文化反复重申和谐价值观重要意义的背景下,和谐具体到中国武术中不只是指习武者动作上下和内外技术充分协调,更是把和谐定位成重要的武术文化概念。

4.培养独立人格的价值

作为一名武术家,必须高度重视"自我"这个命题。美籍作家孙隆基指出:中国人格的主要组成部分和次要组成部分分别是"他制他律"和"自我组织",这不仅使中国人自我压缩而为自身争取权利的意识不强,也使中国人缺乏纪律、没必要为自己的行为负责、尊重他人权益的意识薄弱。尽管中国武术对中国文化是"不争的和合文化的反叛",但其有助于习武者形成独立且尊重他人的良好风貌。在重视实践的观念的长期作用下,习武者之间在切磋技艺和交流技艺的过程中会更加全面地认识彼此,同时促使习武者以崭新的视角审视自己,由此可见武术的对抗性特征有助于习武者形成独立人格和尊重对手的良好习惯。由于习武者会在习练武术的过程中深刻领悟到和自我生命价值相关的哲学命题,因而中国武术能使习武者形成独立人格的观点得到了多数学者的肯定。

5.激发人积极向上

在中国文化持续发展的过程中,慢慢形成了传统文化基本精神的多元化格局,刚健有为在个体精神领域的存在形式是中华民族的重要心理因素,刚健有为作为一种精神气息要求人们集自强不息精神和宽广胸襟于一身。

在中国武术中,同样渗透着刚健有为的精神气息,并且激励习武者不断向前。武术既是身体活动,也是技击术,武术在大力倡导勇武的同时,也在致力于追求获得比赛的胜利,由此调动和激发习武者的主观能动性。与此同时,参与武术习练活动能使习练者逐步形成强者争胜的精神,即便是太极拳同样蕴含着刚健有为的民族文化精神,对习武者形成积极向上的性格有引导性作用。总而言之,习武者能够通过外在的动作技术和内在的心态和精神,将自身健康向上的精神风貌呈现给他人。

6.增强国人的民族团结意识

在中华民族的长期发展中,各民族间的融合程度、地域性特征、文化趋同程度等方面呈现出了日益弱化的发展走向。中国武术的价值和功能可以有效增强民族认同感和民族凝聚力,具体表现为在各个地域和民族的传统武术被相继发掘出来并持续传承的过程中,大大强化了历代国人的凝聚力和认同感,历代国人的民族自豪感有所增强,这对国家和民族的可持续发展无疑是有百利而无一害的。对于参与起源于各个民族和地区的武术项目的习练者而言,习练者在参与过程中的竞争思想会逐步增强,民族感和集体荣誉感也会潜移默化中在其内心生根发芽。由此可见,组织和开展中国武术的习练活动有益于民族间团结和协作,也有益于强化广大群众的民族和集体意识,还有益于广大群众民族认同感与民族凝聚力的持续强化。

(三)提升中国武术教育价值的可行性策略

1.对有效场地资源进行合理规划和利用

在认识和了解中国武术的基础上,人们要想学习和操练中国武术离不开场地资源这项基础性的物质保障,所以说要想高质量地参与武术练习,就必须科学规划和开发场地资源、保证场地布局达到合理性要求、促使场地利用率达到最大化,在达到这三方面要求的基础上使场地利用价值获得大幅度提升,具体策略如下。

第一,运用多元化手段,设法开拓出多条渠道,从社会多个领域筹集开发场地所需的资金,保证武术健身场地的规划工作和布局工作达到合理性要求。在我国各大城市大力建设健身广场,最大限度地满足广大居民的武术健身需求,将大众健身与全民参与的理念落到实处。

第二,开发室内运动场地,组织和派遣达到专业化要求的运动辅导员和武术教练,为广大群众参与武术运动提供便利。

第三,免费开放城市中的公园,或者督促城市的公园降低票价,进而为市民在公园内学习和操练中国武术提供便利。但要定期维护公园内的器械和设施,安排专人管理公园内的资源。

第四,最大限度地挖掘和利用当地的校园资源。一方面,要适度增加利用学校地理优势和环境优势的力度,进一步开发武术操练场地和武术器械,促使武术操练场地和武术器械的利用率得到大幅度提升,促使学校开展武术课程教学时对场地和器械的需求得到充分满足;另一方面,寒暑假期间可以选择在黄金时间段对外开放,促使场地资源获得最大限度地利用,由此从根本上加强武术宣传和教育力度。

第五,就社会层面来说,要自觉在体育俱乐部或者健身俱乐部组织和开展武术习练活动,广大群众前往健身俱乐部或者健身房参与武术运动同样不失为一种良好健身选择。尽管体育俱乐部的主要运营目的是营利,但减少会费吸引更多武术爱好者同样能获得不错的经济效益。

第六,积极在社区举办宣传与推广中国武术的多样化活动,促使社区居民自觉参与到集体性的武术健身活动中。

2.普及武术教育

在国际经济迅猛发展、百姓生活水平持续提升的过程中,百姓的业余时间同样在不断增加,这些变化促使百姓日益关注业余时间的利用率,百姓在业余时间参与的休闲娱乐活动呈现出日益多样化的趋势。中国武术作为一项体育活动同样成为很多人度过业余时间的一种选择,在这种社会背景下普及和推广中国武术显得尤为必要,并且能大力推进武术教育的开展进程。需要注意的是,只是在学校普及武术教育是远远不够的,务必要在社会各个领域普及武术教育,促使不同社会领域的人都积极了解和参与武术,切身体会武术的独特魅力,使他们业余生活的武术参与度得到大幅度提升。以下两项措施能有效普及武术教育。

(1)在学校武术教学中适当增加娱乐休闲教育

①在武术教学中融入娱乐的理念和目标

自很早开始,我国学校体育教学就将主要目标定位成增强体质、强身健体、提高运动能力,学校体育教学中的娱乐色彩极少。但很早之前"美国国家娱乐和公园协会"就制定了自幼儿园至十二年级的学校休闲教育的相关目标,明确指出学生要深刻认识到休闲活动对生活品质的提升作用以及休闲娱乐对个体自我价值和自我尊严的彰显作用,大力支持学生合理规划和安排业余时间,激励和督促广大学生自觉参与休闲娱乐活动,针对社区休闲娱乐活动的开展状况提出自身的观点和看法。对比分析后不难发现,我国广大学校对娱乐教育的重视远远不及美国。我国各级各类学校应自觉把休闲娱乐理念融入武术体育教学中,保证参与武术教学的学生能切身体会到武术的娱乐价值与作用,由此使学生学习武术的主观能动性有所增强,引导学生将更多课余时间花费在武术健身锻炼中,而非打游戏或者吃喝玩乐。

②立足于不同层面开展武术教育

第一,组织和开展学校武术课堂教学的教师应把学生的追求新奇和刺激的心理充分调动起来,激励学生大胆尝试不同武术项目,特别是拥有浓郁民族色彩的武术项目,在教学实践中适度降低武术动作规范程度方面的要求,从而确保学生可以在满足自身娱乐需求的过程中逐步形成参与中国武术的积极性。

第二,最大限度地提高课外活动时间的利用效率,大力组建武术俱乐部,积极开展课外武术活动。教师选定武术项目之前务必要全方位掌握学生的喜好,和学生展开多方面的交流和沟通,耐心倾听学生的心声和想法,为学生拥有选择武术项目时的发言权与决定权提供保障。

第三,在科学开展武术比赛活动的过程中推动武术教学开展进程,开展班级之间和年级之间等多种形式的武术比赛活动均可。比赛内容可以是教学内容,也可以对教学内容加以延伸。

(2)积极组建和完善社会武术娱乐教育服务网络

在社会发展节奏持续加快的社会背景下,人们要想适应社会发展需求就必须坚持学习新知识。针对广大群众开展的武术娱乐教育本质上属于面向社会提供的服务。具体来说,要合理构建和积极优化面向大众武术教育的服务网络,就必须深入挖掘和发挥社区体育俱乐部以及健身俱乐部的作用。

①深入挖掘和发挥健身俱乐部

绝大多数健身俱乐部都是盈利性质的,可以在普及和推广武术教育方面发挥显著作用。就现阶段来看,包括跆拳道、散打、搏击在内的多项格斗项目的练习场馆已经几乎遍布我国各大城市,但武术健身场馆的总数量却很少,设立武术套路学习项目的综合性健身俱乐部更是趋势可数。针对当前的现状,相关部门和人员应大力支持和督促健身俱乐部自觉增加武术教育的普及力度和推广力度,最大限度地调动健身俱乐部成员认识和参与武术锻炼活动的积极性,切身体会到中国武术的独特魅力,最终达到促使武术成为人们终身体育组成部分的目的。

②社区体育俱乐部

在普及武术教育的过程中,一定要深刻认识并充分发挥社会体育俱乐部的作用。社会体育于 20 世纪 80 年代末在我国兴起,自其兴起之后大众体育充分融入其中,同时"以人为本"的理念也逐步融入社会体育中。就中国武术而言,在其向休闲娱乐型持续转变的过程中,加大武术教育活动的开展力度同样是一项必须认真完成的工作。

恰恰是因为社区体育俱乐部能使人们的娱乐需求得到充分满足,所以才能对人们产生强有力的吸引力,所以说普及社区体育俱乐部同样是加快武术教育开展进程、革新进程以及发展进程的一条可行性途径。

3.利用媒体对武术教育价值进行宣传与推广

在新形势下,信息科技快速发展,信息在广大群众参与不同形式的社会活动过程中产生的导向作用越来越显著,其支持作用和引导作用也渗透在人们参与武术活动的过程中。由于媒体是传递信息的关键性载体,因而在传播和推广武术教育价值的过程中要最大限度地发挥媒体的作用,具体要求如下。

(1)通过图片和视频宣传中国武术

对于人类而言,获取外界信息的主要途径就是通过眼睛观察,所以利用图片和视频来宣传中国武术有很大的可行性。通常情况下,建议相关部门和相关人士拍摄中国武术的宣传片,将武术内容的全面性特征、丰富性特征、娱乐性特征充分彰显出来,从根本上促进了解中国武术的实际人数的增加,促使广大群众切身感受到中国武术的多元化价值,并自觉成为中国武术的参与者和推广者。

(2)多举办武术赛事并加强推广力度

武术比赛集很强的视觉冲击力和显著的观赏性特征于一身,一方面能使广大群众的娱乐文化生活更加多样,另一方面能充分彰显爱国主义精神。武术在我国拥有源远流长的发展历史和稳固的群众基础,在我国积极开展不同形式、不同规模的武术赛事能使人们形成共鸣和认同感,从而形成良好的社会反响,最终达到高效宣传武术教育价值的作用。

(3)举办武术节目

发展至今,媒体推广和报道产生的作用已经不容小觑,集较强传播能力和广泛普及范围的电视媒体已经演变成广大群众获取信息的重要途径。作为中国武术的表演者和运动员,应当积极参与电视节目,增进观众对中国武术价值的认识和理解,由此扩大中国武术在群众中的影响力。包括由中央电视台体育频道策划和播出的《武林大会》在内的多个节目都使得武术文化得到了大范围传播,并且达到了集娱乐性和艺术性于一体的要求。对于观看武术节目的观众来说，不但能获得精神层面的享受和快乐，而且能切身体会到中国武术蕴含的文化魅力和娱乐功能。

需要补充的是，各大电视台应当积极举办青少年群体的武术节目，在全面掌握青少年群体身心发展特征的基础上选择并确定节目的内容与形式。例如，针对青少年群体的武术节目可以选用动画片的形式播出，简单而明了地介绍中国武术大师和相关的武术知识，使学生在轻松愉快的氛围中认识到武术的独特价值，激发青少年群体认识和参与武术的积极主动性。

4.培养武术人力资源

人力资源对任何行业的发展都有很大影响，原因在于人力资源作用的充分发挥是所有行业具体工作顺利开展的基础性条件。具体到中国武术，同样要高度重视培养和管理人力资源的重要性，这两项工作的开展和落实情况直接关系到传承和发扬中国武术的实际效果，所以说要科学培养综合发展的武术人才，并在科学培养的基础上积极配置。培养武术人力资源应从以下两个方面做起。

（1）培养武术娱乐专业人才

培养专业武术人才必须促使教育部门和体育部门相互协调、大力支持，整个培养过程主要包括普通高等教育、职业技术教育以及成人教育三个方面。因为武术的发展面很宽泛且包含多重内容，所以在培养武术娱乐专业人才时不仅要培养专业技能，也要保证武术专业的学生准确把握武术的表现艺术和娱乐性，还要从根本上增强他们的管理能力。武术专业的毕业常见就业方向分别是体育协会、社区体育俱乐部和武术相关产业。高校武术专业致力于为社会培养出武术教师和武术指导员等和武术存在关联的专业性人才，要保证武术课程渗透着娱乐服务理念，引导学生及时掌握世界范围内最新且深受人们欢迎的武术娱乐项目，同时安排和指导学生调查且分析流行的具体原因，学习和借鉴这些项目的成功经验，为日后投身社会参与工作奠定基础。

（2）构建和优化志愿者体系

志愿者网络能对大众健身发展进程产生强有力的吸引力，但我国的现实状况是在计划经济的长期影响下，大众体育发展过程中严重依赖政府，自发参与锻炼的居民较少，进而导致我国志愿者体系的完善进程十分缓慢。要想实现中国武术的娱乐价值，就务必最大限度地发挥志愿者资源的作用，一方面他们有助于广大百姓切身体会到中国武术文化中蕴含的娱乐功能，另一方面他们在社会主义精神文明建设过程中发挥着独特作用。

构建和优化志愿者体系的要点是：首先，政府要将自身调控作用发挥至最大化，对社会各界的志愿者采取宏观调控策略；其次，在社区设立娱乐志愿者委员会，聘请武术专家充当委员会组成成员，激励武术专家针对社区武术活动提出娱乐指导的具体建议；最后，学校采取多元化措施高质量完成学生志愿者的招募工作和培训工作，设法使社会各界的公益体育娱乐部门为广大百姓的娱乐生活提供更加优质的服务。

二、中国武术的娱乐价值

（一）中国武术的娱乐价值解析

1. 武术娱乐功能与竞技观赏的关系

中国武术具备的娱乐功能和武术具有的体育属性有着密不可分的关系。就体育来说，其本质功能是使人快乐，使人们通过运动的形式提高自身身体健康水平和心理健康水平，其根本性任务是在体育本质功能的基础上为广大群众的幸福生活而服务。对于所有类型的体育活动来说，一方面要使从事者拥有健康体魄、浓厚兴趣、充实的精神世界，另一方面观赏者获得美的享受以及深刻的感染和激发。如果体育活动达不到这两项要求，就无法拥有稳固的群众基础和持久的生命力。具体到中国武术，其娱乐功能是其保存和发展至今的关键性原因，使得其能在很大程度上满足广大群众的文化生活需求,二人演练、多人合练、一人单独的成套武术动作的表演均能把武术动作的惊险刺激和武术表演者的精神风貌表现得淋漓尽致,也能对观看者心灵产生很大的震撼力。对于当今的武术运动来说,应当和民俗节气结合在一起,尽全力演变成传统民俗活动的组成部分,促使不同领域、不同年龄、不同性别的人都对武术运动产生浓厚的兴趣。

2.安全是武术娱乐的前提条件

安全是武术娱乐价值的关键性条件,武术娱乐化发展的一项显著特征就是武术动作技艺的安全性越高则娱乐价值越突出,武术运动只需使动作技击的内容达到安全化要求和竞技化,就会形成娱乐的效果。发展初期的手搏不但是军事训练的一个重要科目,而且是广大百姓强身健体和保护自身的一个项目,其基本技术成分分别是"摔"和"打"。在此之后的"角力"和"角抵"则逐步发展成以"摔"为主要运动形式。发展至宋代,"相扑"作为一种崭新的格斗方式应运而生,这种格斗方式中已经找不到打的内容,其侧重于彰显娱乐功能。随着发展进程的推进,摔跤逐步发展成为竞技运动项目中的一种,并被正式纳入奥运会比赛项目,从武术中逐步独立出来。和手搏相比,武舞表演的对抗特征和危险系数可以忽略不计,由此可见中国武术在先秦之前就已经具备娱乐价值。

3.政治经济对武术娱乐的影响

纵观中国武术的发展历程会发现,政治因素和经济因素对其娱乐化发展的影响很显著。在春秋战国时期,铸剑技术持续提高为舞剑技术和击剑技术的可持续发展注入了巨大推动力,这个时期的人们对击剑表现出了浓厚的兴趣。春秋战国时期以后,"稍增讲武之礼,以为戏乐,用相夸视,而秦更名角抵"。发展至汉代,社会整体上处于稳定状态,经济呈现出了蓬勃的发展趋势,角抵戏之类的娱乐活动的整体规模持续扩大。发展自唐宋时期,我国经济在很长时间内都呈现出繁荣发展的态势,中国武术的娱乐属性呈现出日益显著的发展走向。到了元明清时期,在民族矛盾逐步尖锐的社会背景下,统治者对不同形式的民间武术活动发出禁令,武术运动的娱乐属性逐渐消失。当民族矛盾发展至一定程度后,相应的战争就会爆发,中国武术在这种社会背景下向军事运动和保家卫国的方向发展,其娱乐价值自然会被慢慢削弱。从某种程度上说,中国武术的娱乐属性和马斯洛提出的需要层次理论十分吻合。

4.武术娱乐与社会尚武风气发展的非同步性

我国是一个多民族国家,综合分析各朝各代的兴衰史会发现重视武术的民族往往会逐步壮大起来,不重视武术的民族则会慢慢走向灭亡。具体到武术娱乐,能对其发展状况和民间习武风气产生直接性影响的因素是统治阶级有无尚武。以宋朝为例,宋朝的一项显著特征就是重文轻武,宋朝统治者在很长时间内都采取"崇文抑武"政策,宋朝对外采取的妥协政策和忍让政策恰恰是北宋王朝走向灭亡的一项原因。在统治者长期压制"尚武精神"的社会背景下,整个民族的阳刚之气明显不足,尽管宋仁宗时期相继出现了多个良将,但都未得到善终,最终爆发了宋钦宗时期的"靖康之难"。但纵观中国武术的整个发展历程不难发现,宋朝时期是中国武术发展的一个重要时期,具体反映为习武人数众多、不同种类的民间武术组织应运而生、中国武术的娱乐价值尤为显著。因为宋代统治者长期采取"崇文抑武"的对内政策和投降妥协的对外政策,所以呈现出了国力逐步衰微的发展趋势,多个少数民族都曾经冒犯过宋朝,这也使得两宋时期民间习武自保的风气和武术娱乐的社会风气逐渐形成。

(二)传统武术娱乐价值的表现

从整体来说,中国武术娱乐价值着重反映为自娱和他娱,自娱性是指参与武术运动的个体的精神需求会逐步得到满足,并在此基础上反映出一种娱乐的心态,他娱性是指观赏武术表演或者武术赛事的人,会在观赏过程中流露出很多种情绪,情绪上的波动和起伏会使他们的精神获得满足。

无论是中国武术运动的自娱,还是中国武术运动的他娱,人们心理层面和精神层面的需求以及对武术价值的肯定都是武术娱乐价值得以形成的基础性条件。武术娱乐性不单单指人们对武术动作形式产生的美的感受,也指人们内心对武术技击性产生的向往之情,这种向往之情集中反映在二人间徒手对抗或器械性对抗中。作为武术对抗项目表演的表演者或者武术对抗项目比赛的运动员,会将武术的多元化特征呈现到观看者眼前,以此将观看者的内心本能唤醒,对观看者的思想产生强有力的刺激,最终最大限度地满足观看者的精神需求。

在中国武术的对抗性搏击竞技中,会把人类的力量美、速度美、柔韧美、协调美、灵巧美活灵活现地呈现给人们,使人们置身在竞争对抗的环境中且深入体会和享受美,获得充足的愉悦感与兴奋感。

中国武术不仅对习练者手、眼、身、法、步等动作移动的规范性提出了极高的要求,还对习练者内部的精、神、气与力、功提出了有机统一的要求,也对习练者的思维与意念提出了相关要求,作为武术习练者必须学会通过演练外部动作彰显出自身风格、自身节奏以及自身精神世界的东西。中国武术对习练者提出的三方面要求使得这项运动形神兼备的运动特色和审美特征逐步产生,由此能更好地满足观看者和练习者精神方面的需求。

中国武术中的很多动作融合了自然的灵感,很多动作通过模仿自然界景观、自然界现象、自然界动物姿态乃至大自然的万事万物,来彰显中国武术的含蓄美和内在美。与此同时,中国武术内在精神美会通过艺术表现集中反映出来,其着重反映在表演套路和套路对练中,表演套路着重反映武术的功力和技巧,套路对练侧重于对实战练习的模仿。套路表演和实战对练是武术内在精神的集中体现,其中不包含暴力的内容,占较大比例的是艺术欣赏,目的是给人美的感受。

中国武术凭借多元化内容和别具特色的风格深受广大群众的喜爱,同时中国武术的受众群体并未在年龄、性别、阶层三个方面划分界限,拥有稳固的群众基础。与此同时,中国武术在时间、地点、场地三个方面的要求很低,大大降低了广大群众参与武术锻炼的难度,武术锻炼集简便性和经济性于一身。中国武术的多重优势,正在推动其逐步演变成广大群众健身和娱乐的一种方式。

第三节　中国武术的经济与社会价值

一、中国武术的经济价值解析

(一)武术经济的类型

中国武术拥有文化属性,而任何文化都能被视为一种产品。中国武术的竞技功能恰恰源自中国武术的价值认同,在第三产业的范畴中;依赖于武术文化相关的武术用品市场则在文化产业的范畴中。深入分析会发现,文化产业同样属于第三产业,是在生产文化产品与提供文化服务的基础上满足社会多元化需求的各类行业门类的统一名称,不管是旨在满足社会精神需求的文化产业活动,还是旨在满足社会物质生产需求和社会物质生活领域需求的文化产业活动。

在世界各国朝着工业化方向发展和现代化方向发展的过程中,文化产业发展状况成为经济社会发展水平的重要标志之一,成为在世界范围呈现出蓬勃发展态势的新型产业,是人类社会不可或缺的产业,更是能有效支撑国民经济的支柱产业以及综合实力持续增长的朝阳产业。

从改革开放开始,我国广大国民用在文化方面、教育方面、精神生活方面的支出持续增加,文化消费方面呈现出了多元化特征和人们按照个人意愿自主选择的特征。就现阶段来说,文化产业发展已经演变成一种新型经济增长方式,在全面建设小康社会和我国融入经济全球化发展两个方面发挥着重要作用;同时发展文化产业也能推动我国文化软实力的增强、中华民族精神的继承和弘扬、国际影响力和综合国力的持续强化。

具体到中国武术,其属于文化产业发展的一项重要元素,同时具备文化产业的共性,具体反映在以下几个层面。

1.武术文化产品价值形态

武术文化产业生产的文化产品蕴含显著的精神属性,集使用价值和价值于一体。武术文化产品的使用价值包含两种形态,一种是指图书和工艺制品在内的具备物质的外表,另一种是生产过程就是人们消费的过程,后者不存在物质形态,具体是指武术表演和武术电影等。对于武术文化产业创造出的文化产品来说,其蕴含的使用价值是借助精神属性或者精神要素两条途径来满足消费者多元化需求的。中国武术文化作用力集中反映为:消费者在接受与消费武术无形文化思想和文化形象内涵的过程中,越来越深刻地感悟到中国武术文化的别具一格的特色,心理方面和思维方面均受到中国武术的作用,在精神层面体会到强烈的满足感和愉悦感。

2.武术文化产业和意识形态的统一性

文化具备意识形态属性,而这种意识形态属性在上层建筑的范畴内。在保证武术文化和经济有机结合的基础上,武术文化产业才会应运而生,所以说武术文化产业和武术产品同样存在意识形态属性。鉴于此,武术文化产业的相关产品应当坚定不移地抵制武术文化中的负面内容,大力倡导积极向上、科学可行的精神理念,始终和时代精神处于充分融合的状态。

3.武术文化产业与市场的紧密相连性

武术文化产业以及与其相关的附属产品都旨在为广大群众提供更加优质的服务,当下广大群众精神层面和文化层面的需求持续高涨的现实状况,无疑要求文化产业发展得更好。在市场经济条件下,武术运动同样是组成社会中不同类型活动的一项内容,武术运动发展走向和发展现状与市场经济运行状况存在着十分紧密的联系。人们在对武术文化持认同态度的基础上,表现在武术各种物质和非物质方面的需求是武术经济的基础性条件。由此可见,武术经济是建立在武术多重价值和当代人对武术持认可态度的双重基础上的,这两个方面都不可或缺。在大力开发武术经济功能的过程中,武术经济的核心会在需求导向持续转化的过程中发生相应变化。

(二)武术经济功能的特点

1.多样性

因为武术运动功能具备显著的多样性特征,所以使得武术经济功能同样蕴含着多样性特征,具体反映在三个方面:第一,武术的经济功能对个人、族群、民族三个层次均存在或多或少地经济价值;第二,武术文化形态上的多样性特征使得武术经济的消费有层次之分;第三,各个区域在认同武术时产生的不同,使武术消费在不同地区之间、城市和农村之间有或多或少的不同。

2.潜在性

和物质需求相比,文化需求并不存在需求饱和现象,同时基于我国经济快速发展的现实状况,我国广大群众在文化层面的需求呈现出了多样化的发展趋势,这也使得中国武术的经济发展前景很好。武术文化市场需要被积极而正确的引导,但重中之重是要促使消费者对武术价值形成认同感和深刻理解。

3.外向性

"民族的也就是世界的"适用于各个国家的万事万物。追溯到两百多年前,西方国家正在大力实施工业革命,而中国正在由传统农业社会转变成工业化社会。在广大百姓生产生活方式发生巨大变化的社会背景下,中国武术长期赖以生存和发展的农耕社会基础受到了前所未有的破坏,将注意力集中于武术发展上的人持续减少至今,我国依旧把发展重心置于经济发展上,中国武术的发展速度比较缓慢甚至有些时候处在停滞状态,但中国武术在世界其他国家却呈现出了较好的发展势头,很多国际友人都对中国武术产生了强烈的认同感和兴趣;在国内武术运动朝着体育化方向和竞技化方向发展的过程中,其他国家的武术爱好者正在积极探寻中国武术的本质与本源。因此,从某种程度上来说,置身于经济全球化背景下的任何文化产生断裂现象都实属正常,很多漂洋过海的武术形式逐步扮演起今后武术运动得以保留和持续发展的火种。

4.综合性

因为武术具备多元化功能,所以广大群众在武术方面的需求也表现出综合性特征,人们的综合需求极易造成消费目标模糊不清、消费者消费武术用品时出现纷繁复杂的情况。

(三)武术市场的开发路径

在市场经济的大环境中,武术运动必须和市场规律相吻合。详细来说,中国武术不仅要大力拓宽市场,逐步借助创新的力量推动市场发展进程,由此实现武术创新的良性循环,同时武术界的相关人士应当认真研究和夯实武术文化基础理论,最大限度地发挥媒体的宣传作用和造势作用,采取科学可行的方式方法对广大群众在武术文化方面的消费需求产生引导作用。

武术和散打都是众多运动竞技项目的组成部分,都集观赏价值、实用性特征、民族性特征于一身,所以两者的商业开发价值和商业开发潜力都很大。就散打来说,当前需要完成的首要任务是充分利用现阶段举国体育体制的优势,为其市场化进程注入推动力。具备经济发展后盾后,意味着举办散打赛事就拥有后盾与保障,散打运动发展拥有自我造血功能的品牌体育赛事就不再那么艰难。

武术套路运动集多样化的内容、形式、特色于一身,拥有很高的艺术美学价值,动作套路要比散打复杂很多,所以武术套路运动的市场开发自然和其他运动项目存在或多或少的差异。要想最大限度地发挥武术套路运动的艺术价值,就务必要将这些套路运动和多种舞台艺术形式充分结合在一起,借助美轮美奂的舞台艺术表演将中国武术的发展历程和文化底蕴充分彰显出来,此外将中国武术的人文精神呈现给广大群众。

二、中国武术的社会价值解析

(一)古代武术的社会交往功能

中国武术大力提倡言传身教的特征,使得武术学习过程离不开长时间处于稳定状态的环境,如古代武术拜师收徒恰恰就是宗法制度的进一步延伸。"一日为师,终身为父"的理念将家庭中的伦理纲常渗透到中国武术的传承过程中,在世代习武者传承中国武术的过程中发挥了显著作用。与此同时,武术伦理对师徒之间的权利和义务提出了很高要求,各个武术流派的门规戒律就是其集中体现。除此之外,因为历朝历代统治者都严禁民间传习武术,所以古代民间的武术传习活动往往采取家族的方式、社团的方式乃至秘密结社的方式组织和开展。

农耕文明占据主导地位的生产方式对中国武术传承的社会环境有决定性作用。从某种程度来说,历朝历代定居农业的生活方式大大缩小了古人的活动范围,但也使古人拜师学艺的时间比较充足。以师徒、师兄弟、徒子徒孙为中心逐步形成的以武术为媒介的社团,在很大程度上加快了武术技艺交流速度和社会交往的发展速度。

(二)当今社会的武术社交功能

从根本上说,武术传播过程是一种具备群众性特征的社会活动,能使人们在接受特定道德规范的约束下开拓交际渠道、形成稳固的友谊。武术传播过程能在某种程度上消除不同民族人民因各方面因素的差异产生的分歧和隔阂,为各民族人民密切交流和有效沟通创造良好的社会环境。就现阶段而言,科学组织和开展武术活动能增进各民族的交流和沟通,增进各民族地区在经济与文化两个方面的交流和沟通。人们可以在文化交流过程中切磋武术技艺,在文化和思想等方面产生交汇。

中国武术作为传统文化的重要组成部分,在世界各国人民的文化交流过程中同样发挥着举足轻重的作用。就改革开放初期来说,武术作为我国国粹吸引很多国际友人漂洋过海来学习和研究,同时武术充当着我国对外开放的窗口,在我国与其他国家的交流和沟通过程中发挥着桥梁性作用。不得不说的是,电影艺术在武术文化传播过程中发挥了不容忽视的作用,很多国际友人都是通过我国诸多功夫明星参演的武术影视作品首次了解到中国武术。

(三)社会变革对武术传播的影响

就春秋战国到19世纪40年代的中国来说,我国在这个历史时期内是自给自足的封建领主制自然经济占据统治地位,中国武术也正是在这种社会背景下逐步发展的。鸦片战争结束以后,中国社会进入从农业社会向工业社会转变的过程中,百姓的生产生活方式出现了翻天覆地的变化,在社会成员开始大范围流动的情况下,百姓从聚族而居的生活方式朝着以地域和财产关系为基础的城邦社会转变,此外社会竞争日渐激烈使人们开始把注意力集中到经济生活生产中,文化生活的受重视程度很低。

百姓生活方式上的变化对中国武术传承产生了很大的破坏力,中国武术传习受到来自多个方面的影响。但不容置疑的是,现代体育是西方文明的产物,和竞争文化相对符合,所以中国武术大众传播过程中应当自觉完成体育化改造的相关工作,如此才能更好地适应当今社会体育发展的要求,但适应过程中必然会牺牲某些武术文化,武术文化的传承也将无法保持完整。

在物质生产高度发展的过程中,一定会逐步提高对民族文化精神产品的要求,这无疑会给中国武术的传承和发展带来很大的发展空间。因为传习武术的显著特征是言传身教,所以国家有关部门应当就中国武术采取切实可行的文化保护措施和文化拯救措施,避免武术大家离世带来的文化损失,预防找不到中国武术正宗源头的情况发生。

第六章　中国武术传承与发展途径

在全球化背景下,中国武术要想推进自身的传承和发展进程,就必须积极探寻科学化传承和发展的途径,在正确的传承和发展路径上砥砺前行,如此才能为中国武术传承与发展注入强有力的推动力。本章着重对中国武术的竞技化发展、产业化发展、市场化发展进行全面而深入的研究。

第一节　中国武术的竞技化发展

一、中国武术向竞技化发展的原因

以竞技体育为代表的西方体育在西方国家大力开展工业革命的背景下产生,工业革命实质上就是摆脱手工业的机械大生产,工业革命的显著特征是标准化、高效率、低成本,其得以发展的理论基础是现代自然科学的成就以及将哲学和宗教设定为核心内容的西方社会科学思想体系。之后西方体育思想持续被引入我国,在很大程度上推动了竞技武术的发展进程。中国武术向竞技化方向发展的原因如下。

(一)西方体育文化传入我国

西方体育凭借科学性、规范性、便于快速推广这三重优势,以极快的速度抢占着中国武术的市场,这在某种程度上彰显了西方工业化文明集高效率和竞争意识于一身的特征。要想向武术运动发展进程注入强有力的吸引力,就务必要充分发挥先进成果的作用和价值,从而使中国武术进一步适应体育化的改革和发展,如此是推动中国武术快速发展的一项可行性措施,但采取这项措施和武术最初形态是相互矛盾的关系。综合分析会发现采取这项措施是两难的:一方面要承认中国武术就是体育,务必要按照体育的相关要求贯彻落实改造武术的相关工作,自觉舍弃违背体育接受的内容;另一方面如果中国武术没有被纳入现代体育范畴,那么中国武术在未来发展过程中会遇到重重阻碍甚至走向消亡。

在中国武术持续朝着体育化方向发展的过程中,武术逐步发展成为新型体育项目的来源,原因在于武术习练中有很多项身体练习方法等体育因素。在科学限定击打部位或者采用特定规则的情况下,通常情况下建议将适用于比赛的相关内容定位成一种竞赛形式,并在此基础上发展成一项运动竞赛项目;至于除此之外的内容则可以凭借多样化练习给习练者带来预期额健身效果,在此基础上慢慢发展成为健身体育项目。综合分析会发现,武术运动中的很多内容都凭借竞技体育形式或者健身体育形式表现出来,如武术竞技套路运动等。

(二)现代竞技体育思潮对武术的作用

现代竞技体育的现代特征是由竞赛规则严谨全面、经济主体明确清晰而确定的。为保证比赛公正而公平,竞技体育项目的竞赛规则都具有独特性特征,同时都相对客观地界定了比赛内容、比赛性质、比赛要求、比赛判罚尺度等。竞技体育主体目标明确指出武术打练要相互分离,同时把套路运动分解成很多项竞赛项目。

除此之外,竞技体育提出进一步规范与改进武术套路技术的要求,很多相关规则陆续出台都对武术套路技术产生了显著的规范作用和改进作用。为把武术套路竞技规则评判的客观性特征能表现得淋漓尽致,中国武术学习和借鉴了现代竞技体操等多个运动项目的评分规则。在现代竞技体育思潮的长期作用下,竞技武术会朝着规范化方向不断发展。

(三)社会转型推动武术变革的进程

在我国近代社会朝着工业社会转变、积极适应社会化大生产要求、主动发展创造为其提供优良服务的新型文化的社会背景下,传统文化必须正视各种危机,同时加快自身朝着近代转型的速度。在社会快速转型和传统文化被迫转型的情况下,中国武术赖以生存和发展的土壤遭到很大的破坏,具体表现为在社会分工越来越细和百姓生活节奏持续加快的情况下,中国武术相对稳固的传承结构被破坏,家庭结构和传统伦理两个方面的改变使得中国武术相对应的师徒关系不再如之前那么紧密,社会对"格杀"与"搏杀"为显著特征的武术需求呈现出逐步减少的趋势,侧重于改善习练者体质状况和竞技能力的武术呈现出了良好的发展态势。

二、中国武术竞技化发展的对策

从根本上说,竞技武术大范围推广并逐步进军奥运会的过程也是企业经营管理和营销的过程。具体到企业经营管理和营销,与此相关的观念决定着企业产品是否能在市场上站稳脚跟,具体观念常常会随之形成与其呈对应关系的运作哲学和运作导向行为。作为软性产品中的一种,竞技武术要想有效拓展自身在世界各国的市场,就必须在观念上和营销策略上展开深层次思考和大幅度调整。

(一)转变观念,革新自身

转变观念就是指转变"生产观念"与管理观念,具体到武术竞技化发展过程中就是把竞技武术软性产品改造成深受世界各国人民肯定和喜爱的产品。经济学家指出,倘若将体育竞赛视作一种围绕消费者需求持续运作的产品,那么设计、生产、包装产品的过程都必须把以消费者为中心的理念彰显得淋漓尽致,同时在整个营销过程都贯彻和落实这种理念。竞技体育要想抢占国际市场份额并以更快的速度发展,就必须在"既是民族的、更是世界的"这句话上多下功夫。

在竞技武术发展过程中,不仅要保证其基础性特征得以保留,也要充分发挥改革和创新武术套路内容与武术套路结构的主观能动性,保证竞技武术拥有民族项目基本要素的前提下,将世界各国都融入本民族同类有关的内容与素材。由此产生的结果是:第一,妥善处理好过去竞技武术套路模式化问题;第二,推动过去的竞技武术套路朝着多样化方向发展;第三,充分适应世界各国人民的多样化需求;第四,促使竞技武术套路的观赏性特征与娱乐性特征更加显著,由此对武术爱好者以及观众形成强有力的吸引力,最终顺利达到增加竞技武术经济效益和社会效益的目的。

(二)主动吸取成功的竞技体育发展经验

分析并汲取 NBA 的成功经验,根据全球化市场战略和本土化运作管理模式来推销自我。NBA 和 NFL 推广和营销的诸多实践活动证实,战略计划需要达到的首要要求是把我国大规模赛事活动定位成全球化产品,认真贯彻和落实全球化市场发展战略,实施过程中的整体方针要达到明确性要求,具体方针应当是在依托国内相关有利政策的基础上贯彻和落实扩张政策,在以国内市场为立足点的基础上进一步拓宽国际市场,此外科学高效地设计和运作组织机构。从整体来说,NBA 和 NFL 推广和营销的以下几项成功经验可供武术竞技化发展参考和借鉴。

(1)以最快速度成立向世界各国推广竞技武术的专门机构和各国分支机构,积极策划和实施针对世界各国的宣传规划和运作工作,大批量派遣多方人员在五大洲成立办事处,逐步构建出相关的信息网络和控制系统,由此达到统揽全局的目的。

(2)选择并运用竞技武术协会企业制的管理模式,最大限度地调整和改良竞技武术专业队和俱乐部队的准奥赛制,同时把其向市场推广,在此基础上构建出国家和社会共办的市场化格局,为体育管理体制的优化过程注入巨大推动力。

（3）深入挖掘和发挥文化传媒的多重作用，贯彻和落实有计划、有目的的包装宣传工作，组织和建立专家讲学团并在各个国家表演、演讲以及组织和参与比赛，应用多元化手段宣传中国武术。

（4）积极建设包括国外基地在内的综合基地，促使人才合理流动的实际速度逐步加快，由此做到在世界范围内科学配置竞技武术资源。

（5）积极利用最新的科学技术成果，提高达成竞技武术竞赛现代化目标、科学化目标、规范化目标的实际效率，适度增加构建竞技武术产品开发研究机构的整体力度，促使关于世界性竞技武术硬性产品的连锁市场逐步形成，推动竞技武术硬性产品的实际规模和整体效益都朝着更好的方向发展。

（6）通过多种途径增加竞技武术发展基金的实际数额；最大限度地缩短战线，保证重点，在中国武术博览会、国际武术博览会、武术旅游节、武术学术论坛会、武术展销会上投入适量的经费，积极召开形式多样的竞技武术发展咨询会和相关的商讨会，采取相应措施将分布在社会各个领域的群众聚集起来，加大在广大群众周边的宣传力度。

第二节　中国武术的产业化发展

一、中国武术产业的发展概况

中国武术不单单是我国国粹，更是中华文化中弥足珍贵的组成部分。相关统计表明，我国武术习练者人数逐年攀升，中国武术群众基础相对稳固，武术产业发展潜力巨大，但从整体来说我国武术产业仍处在初级发展阶段，此外发展过程中出现的很多问题都有待解决。要想在研究武术产业的过程中获得预期的研究成果,首要任务是合理划分武术产业的类型。我国划分武术产业类型时应积极借鉴图 6-1 中采取的分类方法,图 6-1 是国外划分体育产业的方法,具有典型意义的分类方法分别是皮兹分类模式、米克分类模式、苏珊分类模式。

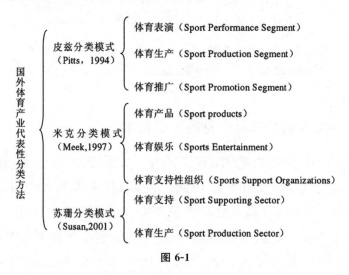

图 6-1

综合分析皮兹分类模式、米克分类模式、苏珊分类模式不难得出,其他国家划分体育产业类型时侧重于参照体育运动在具体社会经济条件下的生存方式和运作方式。虽然其他国家的学者们阐析体育产业时存在或多或少的不同,但分类思路存在一致性特征,通常情况下会在参照体育娱乐产品生产流程和管理流程的基础上把体育产业划分为生产系统、营销系统、支持保障系统。我国划分武术产业的实际情况是:在学习西方国家划分体育产业相关方法的基础上,结合武术产业概况和武术产业上下游关系完成划分工作,具有代表性的划分结果是将武术产业划分成上游产业、中游产业以及下游产业,如图 6-2 所示。

我国于 1992 年召开全国体育工作会议,会议上清晰而确定地指出要进一步增加发展体育产业的力度。虽然武术产业发展时间和体育产业兴起时间基本同步,但是武术产业发展至今依旧处在初级发展阶段。全方位剖析处在发展初期的武术产业发现,武术产业获得的发展成果和出现的发展问题是同时存在的。这里对武术产业的发展概况进行简要阐述。

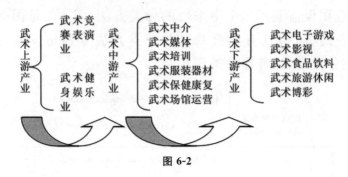

图 6-2

(一)武术健身娱乐产业的发展概况

作为中国珍宝的武术,不仅具有一大批武术习练者,还具有别具特色的健身价值和娱乐功能。但是,和武术庞大的习练人数形成鲜明反差的是,武术健身娱乐产业基本没有形成。除学校武术课程和学校专业武术训练队的参与者是学生群体外,绝大多数武术习练者都是老年人。占很大比例的武术健身活动均为群众自发组织和开展的,同时采取自己管理的方式,此外收取费用的民间武术组织或者民间武术社团很少。综合调查在我国拥有巨大影响力的健身俱乐部会发现,因为选择武术课程的人数偏少,所以武术课程并非是主要课程。中国武术的开展现状和开展概况一片大好的跆拳道形成了巨大反差,两项运动出现巨大反差的具体原因如下。

(1)武术运动有很多种类型,这使得各个健身俱乐部的武术培训内容难以达到统一性要求。

(2)分析比较武术和跆拳道的技术动作会发现,武术技术动作的难度更大、复杂性特征更加显著,这也是很多武术爱好者中途放弃习练的重要原因。

(3)武术健身娱乐业的统一管理培训规范至今未能形成。

(4)发展至今未能形成统一的武术从业人员资格认证标准。

(5)达到专业化要求的武术健身娱乐场所偏少,大部分健身俱乐部都未配置专业化武术场地和专业化武术教练员。

（6）当前，绝大多数武术健身娱乐组织都分布于我国不同地区的武术协会，习练者往往会把武术锻炼当成在闲暇时间段健身娱乐的一种方式，产生真正意义上的产业还需要很长时间。

（7）虽然中国武术的群众基础庞大，但截至当前武术俱乐部数量偏少、规模偏小、健身项目有待增加、结构单一化问题严重、服务质量参差不齐、很多习武者不想为掌握武术技能而支出。

综合来说，武术健身娱乐产业就是提供无形产品的技术性服务产业，要想从根本上推动武术健身娱乐产业的发展进程和创新进程，就必须坚定不移地贯彻和落实各项改革措施，这样才能更好地适应和满足消费者需求。

（二）武术竞赛表演产业的发展概况

武术赛事产业是武术产业的核心性内容，它对武术产业发展有强有力的推动力。综合分析我国武术赛事产业会发现，其一直以来都在踊跃尝试和大力发展，并且在此过程中积累了许多成功经验，这在一定程度上夯实了中国武术全面产业化的发展基础。截至当前，武术比赛已经形成了很多种形式，如政府主办的固定赛事、个人主办的小规模赛事等，但将武术当成产业来发展存在很多局限性。武术表演可以追溯到古代，在宫廷武将军队训练与街头卖艺的江湖把式中均不难发现武术表演的踪影。无论组织和开展武术表演的目的是愉悦身心、震慑对方、谋求生存中的哪一种，都是武术的基本表现形式。在社会经济持续发展的过程中，武术表演的现代化发展走向和产业化发展走向越来越突出。

（三）武术中介产业的发展概况

武术中介产业是武术产业中不可或缺的纽带，对武术产业发展概况有显著影响，其整体发展情况和武术产业化有很大关联。受武术产业起步时间晚的影响，目前达到专业化要求的武术中介组织屈指可数，所以多数情况下都需要地方官方武术组织和某些广告公司共同完成武术产业中的中介工作。因为武管中心和武术协会是多数武术活动中介工作的承办方,同时广告媒体公司兼营经纪活动,所以武术运动管理中心往往握有武术活动商业开发权,我们可以把武管中心理解成最大的"经纪人",之所以出现这种现象和我国体育体制关系很大。

从全局来分析,武术中介产业发展缓慢的现实状况对武术产业发展进程和社会经济发展进程产生了巨大的制约性。举例来说,很多精彩绝伦的武术活动因没有专业化武术中介公司筹集举办活动所需的资金而无法顺利举办,但也有很多人因找不到适宜投资的武术活动而没有盈利机会。纵观我国实力强大的体育中介公司不难发现,绝大多数体育中介公司均不是本国企业,我国首家达到专业化要求的体育经纪公司为"希望国际体育经纪有限责任公司",自其出现后很多专业体育经纪公司相继出现在大众的视野中。国家体育局为有利推动体育中介的发展进程,不仅和国家工商管理局联合起草了关于体育经纪人的相关管理办法,还组织和建立了旨在培养体育经纪人的培训班。虽然通过科学培训相继培养出一大批专业体育经纪人,但因培训时间较短、学习内容未达到系统性要求、考核通过率居高不下、受训人员掌握的知识不够全面,所以出现很多持体育经纪人资格证书的体育经纪人无法得心应手地参与到体育经营活动中。具体到体育经纪人的管理工作,始终没有形成统一规定,虽然部分城市已经颁布关于体育经纪人管理的相关规定,但颁布的诸多法规之间相互矛盾,换句话说就是体育经纪人管理法规未达到有序化要求和系统化要求。在武术产业发展日益完善、武术资源市场优势日益显著的情况下,武术中介有待开拓的市场空间也在随之增大。

(四)武术培训产业的发展概况

对于中国武术来说,武术培训承担着传承作用,在武术产业发展过程中发挥着"造血干细胞"的作用。按照相应标准能把我国武术培训划分成两大类型,一类是公办的各级体育学校运动队和各类普通学校等,一类是个人或者个体组织创办的武术馆校

（民办武术馆），第二类相较于第一类的培训人数多很多，此外第二类是我国武术培训的关键性机构。就民办武术馆校来说，其不仅在传承中国武术的过程中发挥了显著作用，还逐步形成了可观的经济利益和庞大的产业链条，在我国拥有巨大影响力的民办武术馆校有少林寺塔沟武术学校等，民办武术馆校主要采取教育集团的发展模式或者以产养学的发展模式。

综合分析我国民办武术培养学校会发现，当前需要尽快解决的问题是：学校审批不规范；教师整体的学历水平不高，教师的稳定性有待增强；政策发挥未达到健全性要求，需要接受来自体育局和教育局两个方面的领导；学生发展没有清晰而确定的计划和目标，教学水平和学校规模之间有显著差异；各个民办武术学校所用教材未达到规范性要求和统一性要求；很多民办武术馆校只是暂时办学，没有经营许可证书。

（五）武术服装器械产业的发展概况

武术服装器械对武术习练者来说至关重要，其不仅能满足武术习练者的专业功能外，还能直观显现武术文化，也能体现出武术习练者的审美追求和时尚追求。虽然我国武术习练者的总人数较多，但武术服装有很多不同之处，武术服装的不同不只是因为武术项目不同造成的，主要原因是武术服装产业在很长时间内都发展缓慢。综合分析发现，绝大多数武术服装都没有形成武术品牌，生产单位还处在小作坊的发展阶段，同时武术服装缺少达到专业化要求的武术服装设计师，多数情况下无法满足武术运动的专业需求，此外当前武术服装不适宜日常穿、追求传统而未追求时尚功能的问题严重限制了武术服装产业的发展。

因为武术习练活动对武术鞋的要求比较独特，所以绝大多数武术鞋的款式都存在很多相似性。包括 ADIDAS（阿迪达斯）、NIKE（耐克）在内的多家运动品牌都相继推出过武术鞋，但绝大多数情况下都在品牌国外展示中心陈列，普通武术习练者很难买到。NIKE（耐克）还曾与中国武术协会联合推出奥运会系列的武术装备,但高昂的价格并不适合广大百姓。纵览市面上诸多专业运动功能的鞋子,很难找到专门为武术设计且价格平民化的鞋子,此外少数武术学校开设的武术服装器械制造厂侧重于满足学校的教学需求,并非针对广大武术习练者。

对武术习练者而言,武术器械同样至关重要。我国武术器械的显著特征是制造时间长且发展状况较好,但多数企业的经营规模有限、产品质量参差不齐、行业竞争秩序混乱。

(六)武术电子游戏及影视产业的发展概况

在科学技术和新媒体快速发展的社会背景下,武术题材的电子游戏和影视产品强有力地推动了武术产业的发展。在新时代下,视觉媒体对人们日常生活产生的作用早已超过文字类媒体产生的作用,随着电子计算机和智能手机以及高清网络电视的快速发展和普及,武术电子游戏和武术影视产业快速发展的平台越来越好。综合分析发现,发展武术电子游戏和影视产业不只是获得了良好的经济效益和社会效益,也有效提升了中国武术的知名度。

分析诸多武术电子游戏会发现,游戏本身都蕴含着深厚的武术文化,大多数武术电子游戏都采取不收费的方式,但玩家要想玩得好就必须购买相应的道具和装备,否则难以达到预期目标。除此之外,武术电子游戏始终致力于和其他行业展开全方位协作,尽全力达成互利共赢的目标。虽然武术类电子游戏获得的收入不俗,但游戏中的技击方法和中国武术的技击方法严重脱节,包括拳种、器械、技法在内的多方面内容往往被替换成游戏中的光束、野兽、宠物,设计游戏时未能深层次挖掘中国武术的精华,组队征战打杀被设定为游戏的重中之重,未能从整体上彰显出中国武术的独特魅力。

中国武术的独特技术技法、精彩打斗场面、变幻莫测的招法,从某种程度来说都是中华文化与精神的具体反映。从很早开始,出现在各个国家电视荧屏上的武术影视作品不仅对观看者形成了强有力的吸引力,也成为多个国家影视作品的题材来源。从整体上说,武术影视作品在给观众带来良好视觉体验的同时,也产生了相对可观的票房收入。但需要注意的是,尽管很多优秀的武术影视作品在宣传和推广中国武术的过程中发挥了不容置疑的作用,但某些武术影视作品中的浮夸动作特技会使观众在理解中国武术时出现偏差。

二、中国武术产业化发展的现状

(一)紧密依托教育事业的大型武术学校

以山东中华武校为代表的诸多武术学校,经济利益主要来源于招收外国留学生收取的学费和商业演出所得的薪酬,这些武术学校之所以能成功开展在于能实施武术文化深加工实现武术产业附加值最大化,同时科学可行地将资源投入到相应的武术教育服务产品中。以山东中华武校为例,在其办学初期就从根本上打破了以往武馆收徒习练武术的思维定式,大胆提出以德育人、文武双修、为社会培养合格人才的办学宗旨,在极大训练力度和提升学生武术水平的同时,尽最大努力探寻武术的发展道路,致力于形成学生知识水平和武术水平同高的大好局面。虽然山东中华武校本质上是一所武术学校,但促使其成功的因素并非只有武术教练团队师资力量雄厚,发挥主要作用的因素是文化课教育水平较高。综合调查山东中华武校的学生发现,在中华武校不仅能学习和掌握真功夫,还有机会前往高等学府深造,这两项优势或多或少地拓展了中华武校的发展前景。除中华武校以外,塔沟武校和中华武校采取的发展战略有很多相似之处,同时开始向武术表演和竞技商业化方向发展的时间较早。

(二)影视传媒与竞技比赛的紧密结合

当今社会,影视传媒的传播广度和传播速度逐渐超过其他传媒,并最终发展成了一种深受广大群众认可和喜爱的大众传媒方式。自武术朝着产业化方向发展的过程中,其利用多样化的特技效果和竞技武术形式彰显了中国武术的独特魅力和精髓。包括李小龙在内的诸多武术明星参演的影视作品以及别具特色的表演风格,快速获得人们的认可和喜爱,同时在很大程度上刺激了武术影视市场的发展。综合分析会发现,武术影视与竞技比赛的良好发展体现在很多方面。

三、中国武术产业化发展的对策

(一)积极借鉴 NBA 产业俱乐部联盟的组织形式

就 NBA 联盟来说,具体是由 30 支俱乐部组成的自负盈亏市场主体,经营环节不受政府部门的作用,完完全全处在市场经济条件下运行。NBA 联盟没有法人资格,本质上属于不是旨在盈利的篮球行业组织,实际所得利润由组成联盟的球队瓜分。NBA联盟着重对联盟内部事物的相关工作和联盟外部的集体谈判和宣传营销工作负责的可取之处是:如此能联合单个俱乐部进而形成整体,使得管理联盟内外部事务的工作效率和统筹发展的工作效率得到大幅度提升。在具体的工作实践中,NBA 联盟对内致力于使各个俱乐部达到均衡发展的要求,通过可行性措施使各俱乐部在运营过程中的风险降到最低;NBA 对外则采取垄断措施,目的是实现利益最大化。就 NBA 联盟内部而言,各俱乐部之间是对立统一关系,这不仅是为了实现收入最大化,各俱乐部会为争当比赛胜利者而展开竞争,也是各俱乐部为共同利益和生产出深受人们欢迎的赛事产品而共同协作。但不得不说的是,组成NBA 联盟的所有俱乐部都必须接受来自联盟内部相关规章制度的限制,如此不仅能有效防止恶意竞争,也能推动各俱乐部朝着更好的方向发展。

我国武术产业应当积极借鉴 NBA 联盟的成功经验。以深受诸多人肯定的 WMA 为例,中国武术职业联赛的各个俱乐部都经过民政部门或者工商部门审批注册,采取契约的形式实现武术联盟,同时把核心产品定位成了武术竞赛,暂且不论中国武术职业联赛的各项赛事内容,其在组织形式方面做出的创新是值得学习和借鉴的。但受我国武术产业不成熟、在类似赛事组织方面经验不足的双重影响,中国武术职业联赛还有很多发展中的问题需要尽快解决。综合分析世界一流的体育产业不难发现,这些体育产业多数都会选择并运用俱乐部联盟的组织形式,因而武术竞赛表演产业作为武术产业的核心应当自觉采用俱乐部联盟的组织形式超前发展。适用于中国武术当前发展现状的可行性策略是:优先选择在武术群众基础稳固的地区、拳种流派得以形成和发展的地区以及武术之乡建立武术俱乐部,促使各个俱乐部逐步发展成联盟的关系,在每年的固定时间段内组织和开展武术竞赛以及武术表演,由此达到为武术产业发展进程注入推动力的目的。

(二)努力形成完整的武术产业结构和武术产业链

所有产业要想实现可持续发展,就必须形成完整的产业结构。分析蓬勃发展的 NBA 产业会发现,其在产业结构和产业链两个方面都达到了精细且完善的要求。深入分析 NBA 产业链条会发现,上下游之间除了互换价值以外,下游还向上游反馈信息,上游也向下游传递产品。不管是由赛事产品到观众,还是由俱乐部到俱乐部带动发展的中下游产业,都集中反映了形成完善产业结构和产业链对产业发展产生的积极作用。就 NBA 产业链模式来说,对各主体市场地位产生决定性影响是各主体间的具体关系。

我国武术产业地域分布特征十分显著,但绝大多数武术产业未能形成规模,并且武术产业门类多且分散经营的现实状况,使得我国统一管理武术产业的难度很大。分析武术产业的上游产业、中游产业以及下游产业会发现,这三类产业之间的交流和沟通明显不足,进而大大减缓了完善武术产业链形成的实际速度,最终使武术产业发展进程处于止步不前的状态。如图 6-3 所示,我国武术产业链应将武术联盟设定为上游产业,同时将联盟中各俱乐部之间的赛事和表演设定为产业核心性内容,进而达到为中游产业和下游产业注入发展动力的目标,此外政府部门应当积极发挥自身的辅助性作用。

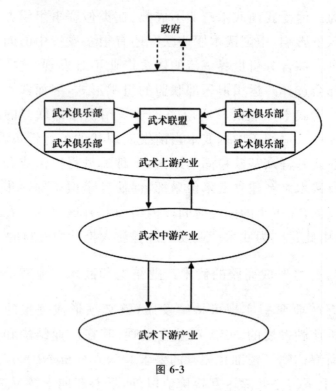

图 6-3

(三)主动塑造和完善武术产业的品牌,扩大品牌影响力

对于现阶段来说,品牌已经不局限于产品识别标志的作用,也能彰显出产品的核心性价值,还是产品质量和产品信誉的重要保障,将产品理解成企业获得经济收益的"法宝"最合适不过。当今社会越来越多人意识到品牌重要性的原因是,品牌能给所有者带来无形资产,良好品牌的价值比产品本身价值要大很多倍,品牌可以产生的直接性作用就是对消费者决策环节产生作用。以NBA 为例,其凭借自身品牌获得的经济收益不可估算,产品授权、商业赞助、广告等都与其品牌价值存在密切关系,其授权的产品种类有运动服装和运动饰品等很多种,同时这些产品在全球多个国家销售。NBA 为建立自身品牌所做的具体努力有:采取多方调整增加赛事的精彩程度、积极组织和开展相关的社会活动、

增进与媒体之间的沟通和协作、对联盟人员的形成做出严格规定、立足于多个视角维持和优化自身品牌。

具体到我国的武术产业,同样要通过多元化措施打造自身品牌,塑造并保持良好品牌是其在市场中拥有强大竞争力的基础性条件。就品牌塑造和保持来说,少林寺的做法可圈可点,少林寺方丈释永信采取的系统性改革获得了可观的改革成果。武术产业在塑造品牌的过程中,一方面要对自身提出严格要求,另一方面重视并发挥媒体的多元化作用。

(四)通过多方面革新,提高武术赛事的精彩程度

对于体育产业而言,体育赛事不仅发挥着核心性作用,还充当着体育产业的领头羊。就在世界体育产业中发展迅猛的 NBA 来说,每年正常的赛季就会给观众呈现 1 230 场常规赛,如果再加上季前赛、季后赛、总决赛等其他比赛,则供观众观看的比赛场数更多。NBA 致力于将高质量的比赛呈现给世界各国的观众,同时也借助运动员个人魅力和完善的配套经营等方面增加比赛的精彩程度,此外在比赛规则、比赛场地、比赛时间等方面都做出了调整和优化。

中国武术的技击方法具有多样性特征,但各种武术赛事并未将这些多样化的技击方法呈现给观众,绝大部分选手往往依赖于基本的散打技术和对手竞争,如此难免会降低武术赛事的精彩程度。除此之外,要想保证观众能看明白武术赛事,就一定要在明确规则方面多下功夫。武术竞赛产业的整体发展情况是:产业不成熟,进而难以对下游产业的发展产生较大的带动力量,最终对武术产业整体发展产生负面作用。鉴于此,要在保证武术赛事技击性特征得以保留的前提下,把武术赛事高、难、美的特点凸显出来,进而使人们切身体会到武术的魅力。除武术本身的技术以外,要想使武术赛事更加精彩也要有高科技发挥支撑作用和保障作用,在转播武术赛事的环节一定要最大限度地改善画面角度和画面质量。

第三节　中国武术的市场化发展

一、中国武术市场化发展的可行性分析

中国踏上市场化发展道路已经有数十年的时间,我国在这些年里积极尝试并取得了很多发展成果,发展至今已经走在世界前列。具体到中国武术,当前值得我们深思的问题是中国武术是否应当采取市场化发展战略,同时踏上市场化发展道路是否可行。针对中国武术采取市场化发展战略是否可行,这里立足于政治视角、经济视角、市场需求视角展开深层次探析,以期精准定位中国武术的发展方向,深层次剖析中国武术市场化发展的可行性。

(一)国家政府的大力支持

在当今社会,我国高度重视体育产业发展状况,先后制定了一系列发展体育产业的政策,力求为体育产业可持续发展提供政策支持。武术产业作为我国体育产业的一个重要组成部分,武术产业的发展不只是能为中国体育产业持续向前注入推动力,更是我国唯一的本土文化产业。推动中国武术产业的发展进程,对开拓体育产业发展空间、促使百姓体育文化生活朝着多样化方向发展、提升全民族体质水平和生命品质、推动我国经济稳步发展都有深远意义。

我国大力支持体育产业的相关政策反映出,国家要坚定不移地发展体育市场和体育产业,大力支持不同种类的体育竞赛和体育表演贯彻和落实规范化市场运作,自觉学习和汲取其他国家在发展体育产业过程中积累的市场化运作经验,努力探寻出优化我国综合性比赛和单一性比赛的运作模式,最终塑造出拥有巨大影响力、代表性意义以及独特魅力的赛事品牌。综合分析武术市场化发展状况不难得出,武术市场化发展依旧处在探索与起步时

期,要想加快市场化发展速度离不开国家和社会各界的支持。

中国武术运动管理中心开发部主任余功保在媒体采访中表示,武术走市场化发展道路存在八项优势:第一,中国武术起源于中国,拥有丰富的武术人才和武术资源;第二,中国武术赛事呈现出逐步完善的发展走向,发展道路也越来越开阔,这为中国武术朝着产业化方向发展和市场化方向发展奠定了稳固基础;第三,当前世界范围内坚持参与武术锻炼的人数不断增加,这不仅使中国武术的群众基础日益稳固,也使中国武术的消费群体日益壮大;第四,当前国际武术联合会传统委员会已经成立,这为我国探索、开发、发展、推广中国武术创造了良好条件;第五,国家武术联合会的国际地位持续提升,国际成员持续增加的现实状况为中国武术在世界范围内普及和推广创造了有利条件;第六,当前中国功夫和太极拳已经获得世界各国人民的广泛关注;第七,有关中国武术和中国功夫的影视作品深受世界各国人民的欢迎,尤其是深受年轻人的喜爱,在过去的数十年中始终热度不减,还有很大的市场发展空间有待开拓;第八,当前人们更加深刻地认识到武术的健身作用,武术产业已经发展成深受人们认可的"健康产业""阳光工程"。

(二)武术市场化发展是大势所趋

发展至今,世界经济呈现出了良好的融合发展景象,世界各国在发展本国经济的同时,也在主动和其他国家保持着密切联系,最大限度地保证自身处在世界经济发展的大舞台中,自觉接受来自世界经济市场的检验,通过多方努力使自身发展节奏和世界发展节奏保持同步,在此基础上保证本国在置身于世界经济大融合的环境中不断发展壮大。具体到我国,我国在发展经济的过程相当重视和世界的融合,在发展中国家中始终稳居首位。在改革开放以来,我国经济发展水平呈现出了逐年攀升的发展趋势,同时我国贯彻落实扩大开放与不断创新的发展战略已有数十年的时间,这也使得我国成功跻入世界发达国家行列所用时间较短。

由于世界体育经济是世界经济发展的一个关键性组成部分，所以世界体育经济的发展走向与发展模式难免会受世界经济发展状况的影响。当前世界体育发展的显著特征就是体育和经济充分结合，但要想在世界市场经济海洋中发展具体的体育项目，就务必要在市场化中实施产业化发展，市场化的形成和发展是体育项目可持续发展的必经之路，已经实施体育市场化发展数十年甚至数百年的英超、温网、WBA 等集中体现了走市场化发展道路的意义。诸多研究体育产业发展的学者和专家指出，在我国市场经济日渐成熟的大背景下，中国体育必须自觉做出市场化发展的尝试，加快中国体育产业在中国市场中找到自身位置的速度。在这些研究成果的指引下，我国职业化发展速度有所加快，不同运动项目的职业化赛事开展积极摸索，我国的很多运动项目都已经踏上了市场化发展的道路，这些运动项目持续发展增加了中国体育市场乃至中国经济的发展动力。

中国武术中蕴含着我国数千年的民族文化，集技击价值、健身价值、娱乐价值、教育价值等于一身，不仅未在历史发展长河中沉没，也没有因火器产生和发展被历史抛弃，更没有受时代发展的局限性出现发展停滞的情况，这充分彰显了中国武术经久不息的生命力，也集中反映了中国武术在不同历史时期产生的正面影响。中国武术作为中国体育的组成部分，武术市场化发展已经成为现阶段中国体育市场化发展过程中不可或缺的内容。具体来说，中国武术的群众基础不仅仅是其市场经济发展的重要基础，更能为中国武术在市场化发展道路快步前行提供保障。当前，我国处在改革开放发展的鼎盛时期，尝试从多个渠道吸收和借鉴最新的经济发展模式与经营理念，具体到中国武术同样有必要积极汲取其他国家发展体育市场经济的成功经验和发展模式。深入剖析会得出，竞争是市场经济的一项本质特征，纵览中国体育市场的发展概况，包括乒乓球在内的多个运动项目都呈现出了良好的发展态势且在我国市场中获得了初步成功，不仅对一大批观众产生了巨大吸引力,还成功占有一定市场份额,此外其市场领域还在持续扩大。

从经济学立场来分析,市场容量并非会无限制扩大,相反其在某种程度上有一定份额,美国作为世界体育强国中的佼佼者,其国内的体育产业市场份额分别是 NFL、NBA、MLB、NHL 职业体育联盟等,其他体育项目占有的市场份额很少,此外其他体育项目的观众人数、电视转播权、广告、运动明星和前者也有巨大差距,出现这些差距的关键性原因是 NFL、NBA、MLB、NHL 职业体育联盟等在很早就占据了美国市场中一席之地,同时不断朝着更加壮大的方向发展。综合分析我国体育行业的概况会发现,包括乒乓球和篮球在内的多个运动项目都在实行职业化发展与市场化发展,同时始终朝着更加成熟的方向发展。

然而,作为中国本土运动项目的中国武术依旧在诸多运动项目持续发展的大环境中缓慢发展着。倘若中国武术始终在其他运动项目快速发展的大环境中保持坐视的态度,任凭其他运动项目的体育明星持续满足广大群众需求欲望、持续瓜分和占据中国体育市场,中国武术的发展必然会越来越艰难。

(三)武术市场化发展的优势条件

任何商品要想在市场竞争中稳居不败之地,就务必要拥有在市场化发展道路阔步前行的优势条件,不然将无法在巨大市场中占据一席之地。针对中国武术是否具备市场化发展条件,这里着重从以下几方面展开阐析。

1.丰富的市场资源

(1)旅游方面
武术旅游是武术文化和旅游彼此渗透且密切衔接的旅游形式,主要包括武术物质资源和武术内涵文化资源。具体来说,武术物质资源是指颇具特色的拳种以及和武术相关的自然风景、名胜古迹,如太极拳和武当山等拥有很高的知名度;武术内涵文化资源是指关于武术的传说故事、言语思想、武术文化活动,如习武先习德的思想和河南武术文化节等。

（2）影视方面

自电影《少林寺》热播以来,我国的功夫片在国内外很受欢迎,武术影视作品在我国每年影视作品总数中占据很大比例。纵观全世界会发现,我国动作电影在世界范围内是最多的,这也使得很多功夫明星相继出现,而这些具有巨大影响力的功夫明星也会对中国功夫影视的发展产生巨大推动力。除此之外,中国武术具备的独特魅力引起了很多导演和传媒公司的重视。

（3）其他方面

当前,武术服装、武术器材、武术书籍占据的市场份额较大,由此获得的经济效益也相对可观。举例来说,北京体育大学出版社最开始就是凭借出版武术书籍而逐步发展起来的,截至当前每年都有较大的经济收益;当前我国武术器材公司已有数百家,主要分布于浙江和江苏等地,在一定程度上带动了当地经济的发展;在全国范围内拥有较大知名度的南京的武术服装,凭借富有创意的造型以及良好的工艺和面料深受广大习武者的欢迎。

2.强大的武术消费群体

对于任何在市场上畅销的商品来说,在很大程度上都是因为该商品具备固定的消费群体。从某种程度来说,所有商品都存在的共同性特征是其消费群体的大小对其在市场中的流通情况有决定性影响。中国武术被誉为国术,从某种程度来说所有中华儿女都有武术梦以及对武术的热爱之情,我们可将此理解成被嫁接的爱国主义情怀。

有关资料显示,我国经常习练武术的总人数已多达数千万人,这些人约占我国总体育人口的一半,其他国家习练武术的总人数也在世界信息和资源日益透明化的大背景下逐步增加,当前在很多国家都能找到达到专门化要求的武术团体和组织,倘若把其他国家的武术爱好者加入其中,则中国武术的消费群体是相当庞大的。具体到我国,当前全国各种已注册的武术馆、武术班、武术学校、武术教育机构数以万计,比全国范围内业余体校的总数量要多出很多,并且每年都有所增加。站在经济学角度展开分析,武术馆、武术班、武术学校、武术教育机构都属于中国武术的基本消费群体,都在为中国武术占据更大市场份额注入源源不断的原动力。在国民经济快速发展、百姓生活水平持续提升、城乡生活水平差距不断缩小的大背景下,广大百姓在健康、娱乐、修身这三个方面的需求日益增加,武术最显著的价值和功能正好就是健康、娱乐、修身养性,所以说武术消费群体会不断扩大。

3.丰富的武术人才资源

中国武术起源于中国,中国武术在无数代武术大师的努力下逐步发展至今,截至当前当代武术大师们的武术味道仍旧十分浓厚。自新中国成立以来,我国尝试走过很多条武术人才发展道路,使得武术人才资源持续增加、武术科研队伍日益壮大,而武术人才是武术发展的先决条件,也是对武术市场化发展发挥着指导性作用的中坚力量。近些年,我国积极派遣优秀武术教练员前往其他国家授课和指导,同时在多个国家获得了一致好评,对和武术相关的经济的快速发展产生了显著的带动作用,为中国武术在世界范围内的推广和发展以及跻身奥运会奠定了基础。

4.武术市场化运作的成功范例

中国武术贯彻落实市场化发展的初步探索时间是20世纪80年代,1988年中国武术协会和一些有关的公司合作,同时严格遵循市场规律完成武术商业化运作的相关工作,最终获得了良好成绩,第1届国际武术节、第1届中日太极拳比赛交流大会等都是当年的成功范例。除此之外,郑州国际少林武术节、湖北举行的武当文化艺术节、温县举办了首届国际太极拳大会也是中国武术市场化探索的成功范例。

二、中国武术市场化发展的问题

当前中国武术已经踏上市场化发展的道路,虽然中国武术在这条发展道路上会遇到多重阻碍,但中国武术市场化发展的前途是明亮的。现阶段的中国武术需要完成的关键任务是发现和分析武术市场化发展的突出问题,并找出解决这些问题的可行性对策,从而有效校正武术市场化发展的走向,为中国武术在市场化发展道路上阔步前行提供保障。就现阶段来说,影响中国武术市场化发展的问题如下。

(一)武术市场起步晚

我国体育产业转型比我国经济转型的时间晚,截至当前依旧处在过渡时期,还没有彻底从旧经济体制中脱离出来,计划经济体制对其有或多或少的影响。不可否定的是,所有事物革新和发展的过程都需要有缓冲期,都需要人们打破固有的思维模式和认知,这是所有事物发展的一般规律。倘若人们未能打破落后于时代发展节奏的观念和意识,依旧用老眼光审视新生事物,则事物的发展将无从谈起。武术产业的发展同样如此。倘若中国武术在市场经济体制下脱离市场,依旧采取计划经济的发展模式往前发展,一方面会对武术的发展产生制约作用,另一方面会对社会各界人士对武术的关注和投入产生不利影响,这必然会对中国武术的可持续发展产生影响。

当前,武术市场化发展处在尝试阶段,中国武术尝试进行市场化发展的案例有很多,不管这些探寻武术市场化发展道路的典型案例是否成功,都为武术市场化发展贡献了一定力量,都或多或少地加快了武术市场化发展的实际速度。

一个产业要想达成可持续发展目标,不仅要有健全的产业管理部门,也要有高水平的产业运营人才,武术产业发展同样如此。但截至当前,武术产业的运营部门和从业人员未能全方位、深层次地认识武术市场经济,也未能及时更新相关观念。与此同时,武术基础产业薄弱同样是限制中国武术快速发展的重要原因,要搞好武术基础产业建设离不开充足的经济投入发挥支撑作用,但由于现阶段的武术市场化发展处于起步阶段,所以社会各界人士在武术投入方面持观望态度,在把资金投入到武术市场时往往异常谨慎,这种情况下就需要武术凭借自身力量妥善处理好武术基础产业投入资金的相关问题。鉴于此,就需要优化市场体系、合理配置武术市场资源、科学构建投入产出市场循环体制,尽最大努力延伸武术市场、扩大武术市场规模、为武术产业注入发展动力,从而使武术市场运营资金短缺的问题得到彻底解决。

因为武术开始市场化发展的时间较晚,各种机制未达到健全的具体要求,武术产业的规模还未彻底形成,规模的影响力偏小,进而使得武术产业对高素质人才产生的吸引力偏弱,武术产业运营过程中始终存在专业人才不足的问题。武术和市场对接离不开武术和市场双方面的人才,如果单方面的人才资源存在局限性,则无疑会对武术和市场对接过程产生负面影响,同时如果武术和市场的融合和渗透未达到相关要求,则无疑会增加武术市场化发展的难度。针对这些现实情况,一方面要适度增加对武术市场化运营人才的培养力度,培养出懂市场和武术的专业化人才,促使武术在市场中发展得更快、更轻松;另一方面要做好因势利导的相关工作和武术宣传工作,在宣传过程中明确表达中国武术的发展目标,分析和展望武术市场化发展的前景。通过这两方面的努力,从根本上增强武术产业对高素质人才的吸引力,进一步夯实武术市场的发展基础,使武术市场的发展后劲有所增强。

蓬勃发展的体育市场往往是由庞大消费群体、超高的运动技能、完善的宣传平台等组成。尽管中国武术同样具备这几项因素,但中国武术当前处在探寻市场的阶段,存在武术市场规模小、无法精准把握市场规律、未能深入挖掘武术市场内在潜力、开发武术赛事和武术相关产品的成效不尽人意等问题。针对当前武术产业科技含量低的现实问题,必须尽快探索出武术和科技的对接口,最大限度地发挥科学技术在中国武术发展中的作用,借助科技力量大力开拓武术发展空间,切实达到武术市场整体运作的目标,最终顺利找出适应武术市场化发展的最佳模式。对于中国武术而言,要想在巨大的市场中找到适合自身的发展道路,当务之急是妥善处理好现阶段出现的突出问题。

(二)竞技武术缺乏市场观念

在体育产业中,体育竞技赛事占据着重要地位。体育竞技赛事发展得好,不仅能为体育产业的发展注入动力,也能更加充分地发挥体育市场的潜力,还能逐步形成可持续发展的链条式产业。倘若体育赛事无法融入市场、在运行过程中未严格遵循市场规律,则必然会摧毁整个体育产业,最终造成的后果不堪设想。综合分析我国近几年举办的武术竞技赛事会发现,绝大部分武术竞技赛事的举办经费由国家或地方政府支出,如在全国拥有巨大影响力的全运会武术比赛。虽然中国武术被誉为中华民族瑰宝和中华民族文化遗产,集经济价值、教育价值、健身价值、观赏价值于一身,但观察近些年各类武术赛事的人却屈指可数,武术竞赛场地的凄凉景象令人唏嘘。

关于武术赛场上观众稀少的现象,绝大部分观众提出了武术比赛吸引力不足、武术比赛套路单一化、很多动作观赏价值不足的观点。除此之外,很多观众指出武术宣传力度有待增加,尽管全国武术锦标赛是诸多武术赛事中的一项重要赛事,但主办方采取的宣传措施较少,官方在全国武术锦标赛举办时期投放的广告很少。很多情况下,人们并不知道有武术比赛,前往比赛现场观看武术比赛更是无从谈起。但对于武术赛事来说,没有观众就意味着失去市场。

武术竞赛内容无法达到统一性要求,武术竞赛对观众形成的吸引力有限,武术竞技规则使武术的观赏价值大打折扣。根据相关标准,能把武术竞赛的内容划分成以套路为主要内容的竞技武术、以散手为主的散打对抗赛、以套路演练为主且进行技击对抗的民间传统武术、武术的功法运动。通过分析会发现,以套路为主要内容的竞技武术和以散手为主的散打对抗赛是国家正式推行的比赛,而其余两种主要是民间的交流。在经济快速发展、广大群众市场意识逐步增强的新形势下,国家武术管理部门着手在我国各个地区招商,目的是把武术竞赛的四类内容充分结合在一起,并推动这四类内容协同发展。然而,由于广大群众对武术的认识很模糊,不能准确判定哪类内容是真正意义上的武术,对四者的认识存在盲目性。武术竞赛内容被细分出的四类内容都有各自的优点和缺点,其中武术套路的优缺点是实战性不足但具备观赏价值;散打对抗的优缺点是缺乏武术内涵但具备技击价值和观赏价值;传统武术的优缺点是内容多样、技击价值突出、渗透着中国传统文化,但纷繁复杂的内容增加了组织比赛的难度和比赛评比难度;武术功法的优缺点是充分彰显了中国武术的传统价值,但武术功法运动诠释中国武术的效果不尽人意,此外比赛不够公正。

因为武术比赛规则相对保守和滞后,所以造成武术比赛的观赏价值较小。尽管我国曾多次革新武术规则,但各相关革新措施不够彻底,未将对武术市场发展发挥重要作用的观众考虑在内。中国武术在市场中如果没有观众支持,其在市场经济的浩瀚大海中必然无法达到预期成效。

(三)管理机制的现状和存在问题

先进的管理机制是确保武术市场化发展的重要基础,但发展至今我国武术的管理机制相当落后,依旧不具备带动武术市场化发展的能力,所以说中国武术市场化的当务之急是妥善处理武术管理机制中的相关问题。

(1)国家在对武术竞赛进行运行管理的过程中,没有从计划经济中脱离出来,竞赛运作的全过程存在市场意识薄弱的问题。

国家体育总局下属的各级武术管理中心是武术管理的主要部门，现在我们所看到的大多数武术竞赛都是武术管理中心按照国家行政计划运行的，中央下达指令，地方进行承办，在管理上从下到上层层报批，计划经济体制管理味道浓厚。中国武术管理中心始终扮演着配角，未能产生自主盈亏作用，虽然中国武术协会付诸了很多努力，但管理体制中依旧有很多项问题有待解决。分析我国的现实状况会发现，管理职业体育的权威部门是各个单项运动协会，发展至今各个单项运动协会取得了显著的进步，但各个单项运动管理部门和计划经济管理体制脱离的时间尚短，在各个单项运动管理部门中依旧能找到旧管理体制的踪影。与此同时，各个单项运动管理部门的职能存在模糊性特征，一方面要承担提高单项运动竞技水平、制定政策法规、运作各类赛事的工作，另一方面要对市场开发工作负责。综合分析会发现，这种管理体制和达到科学性要求的管理体制存在很大差距，无法融入当前的市场中，从某种程度来说是中国武术职业化发展和市场化发展道路上的阻碍。需要补充的是，我国现阶段已经形成的武术产业运营实体较少，以由中国武术协会和北京国武体育交流有限公司共同举办的中国散打王为例，虽然体育中介公司合理介入能促使比赛和市场化运行规律更加吻合，但是截至当前政府在赛事经营过程中依旧发挥着显著作用，由此造成的后果是赛事运营方面出现了政企不分的问题。

（2）我国武术产业配备的优秀市场管理人才较少。截至当前，我国培养体育人才依旧在延续计划经济的培养模式，人才培养目标并非是培养在经济、法律、市场、营销四个方面具备扎实理论基础和较高实践水平的武术人才，当前培养武术人才的环节和市场严重脱离，培养出的武术人才缺乏商业化运作意识，很多武术人才存在仅懂得武术但不懂市场的问题，这在很大程度上减缓了武术市场化的发展速度。因此，在武术管理过程中务必要大力培养整体素质较高的武术人才，促使武术人才培养体系更加完善。从本质上来说，产业间的竞争是人才的竞争，因而国家武术管理部门务必要把培养具备市场综合素质人才当成一项重要任务。大胆革新高校武术专业的课程,督促高校武术教师及时更新教学观念,自觉将市场化管理方面的知识添加到教学内容中,加大对武术硕士和武术博士的培养力度,为社会输出一大批武术管理精英,采取多项措施培养出掌握国际体育市场化发展动态且能创新和开发出新兴武术产品的综合型人才。

(四)运行机制的现状和存在的问题

对于所有体育项目来说,都会把比赛定位成核心和主题。在我国计划经济体制的长期作用下,发展武术事业的资金来源主要是国家拨款,同时是在国家整体指令下组织各式各样的武术活动。我国绝大多数武术比赛的形式存在单一化问题,一般会围绕高水平的训练队举行比赛,赛事体系有待创新。在我国市场经济体制正式确立和市场经济呈现出良好发展态势的大背景下,我国武术事业同样应自觉向市场化、产业化、职业化三个方向发展,由此有效加快武术比赛形式的创新速度和发展速度,推动武术比赛形式朝着始终朝着多样化方向发展。

具体到武术竞赛类型,建议将计划内正规的武术竞赛划分成国内的全运会武术比赛、全国武术冠军赛、全国武术锦标赛,国际上的有亚运会武术比赛、亚洲武术锦标赛、世界武术锦标赛。综合分析这些武术比赛会发现,受比赛时间短、每年只举办一次比赛、前后两次比赛的间隔时间长、武术对广大群众产生的影响力不足这几项问题的影响,使得武术发展的整体速度和武术市场化发展速度始终比较慢。因此,当务之急是发展和市场化发展相吻合的新型武术比赛形式,采取多项措施使武术比赛市场呈现出繁荣发展的景象,最终达到加快武术产业在市场内的发展速度的目的。

三、中国武术市场化发展的对策

中国市场经济地位得以确立的现实情况,使得中国武术的发展必须走市场化道路,并且必须严格遵循市场规律办事。中国武术市场化发展的具体对策如下。

(一)积极开拓武术文化市场

从市场属性的角度来分析,武术市场在文化市场的范畴内。要想进一步拓展武术文化市场,一方面要加大对武术文化基础理论的研究力度和研究深度,最大限度地发挥媒体宣传和推广武术的作用,对广大群众在武术文化方面的消费产生刺激作用和引领作用;另一方面要从根本上拓宽武术市场,逐步形成通过创新推动市场发展速度、通过市场发展推进武术创新进程的循环。

现代化的社会化大生产使得武术文化产品的生产环节、流通环节、消费环节以及服务环节呈现出了崭新的发展态势。大工业生产和最新的科学成果,不仅为生产武术文化和开展武术服务活动创造了诸多有利条件,还使得武术文化的传播媒介、流通渠道、消费形式朝着更加多样化的方向发展。武术文化在生产、流通、消费、服务四个环节的特殊机制,使得这四个环节以及其中的经济关系同时受到普遍经济规律和文化规律的限制。一方面,由于文艺产品的生产和物质产品生产的特殊规律存在诸多差异,武术文化的生产过程必须接受来自一般经济规律的限制,但是由于武术文化产品生产从本质上说属于"生产的一些特殊形态",因而某种类型武术的文化消费,有很大可能会对武术文化其他层次的需求产生刺激作用和引领作用,这也是武术市场开发集先行性特征、潜在性特征、引导性特征于一身的重要原因;另一方面,受武术文化产品及其服务价值具备双重性特征和消费特性的影响,使得武术文化市场中同时存在经济效益与社会效益,并且在社会效益不复存在的情况下,经济效益将无从谈起。

(二)积极开拓武术竞技市场

1.加大对武术散打竞技市场的开发力度

从整体来说,武术散打发展时间较短,但散打具备的实用性特征、客观性特征、观赏性特征及其致力于追求的理念,和奥运会的目标相当贴近。基于此,我们应当坚定不移地发展和优化散打运动,不断朝奥运会进军,原因在于进军奥运会有助于实现快速推广和普及散打运动的目标。

散打项目不但具备较高的观赏价值,也集实用性特征和民族性特征于一身,还在我国拥有很高的商业开发价值,所以说发展散打运动应首先借助现阶段举国体育体制的政策支撑使其市场化进程得以加快,促使散打竞赛在拥有经济支撑的基础上逐步发展形成具备自我造血功能的品牌体育赛事。

散打争霸赛是大胆进行商业化尝试的一个成功案例,其在充分借助电视媒体作用的基础上凭借舞台艺术包装拉近了散打竞赛和人们之间的距离,同时通过电视收视率和有关延伸产品构筑了稳固的平台且获得了较大的经济利润,由此获得的经济效益和社会效益同样十分理想。

但商业化尝试较为成功的散打王有当前急需解决的问题,具体就是未能按照现代企业制度构建和市场经济要求相符、短期经济效益和长期经济效益充分结合、达到可持续发展要求的现代企业制度。详细来说,首先,散打王争霸赛和锦标赛为代表的业余比赛都采取了商业赛制,但两者的竞赛目的有很大差距,采取锦标赛赛制培养出的运动员参与商业比赛时往往会表现出后劲不足的问题,业余性会在发展至特定阶段时表现出来。所以说散打王作为商业赛未能构建出达到商业赛制要求的技战术训练体系、职业参赛队伍、职业教练员和裁判员队伍,从根本上来说经营者还不是市场的主体。其次,散打王比赛至今未能形成达到独立性要求和完善性要求的竞赛体系,全年竞赛总是和很多赛事的时间安排有冲突。再次,优秀运动员流失问题急需解决。第一年参赛的优秀运动员到现在已经很难找到,优秀运动员缺失的结果是严重浪费优秀的人力资源。今后商业化比赛需要解决的一项重要问题是加强安置运动员的力度,采取相应对策延长运动员运动寿命。然后,盈利模式单一化问题严重、创新力度严重不足。基于之前的盈利模式,充分发挥现代经济的制度创新成果和模式创新成果,充分发挥赛事的依托作用和不同种类的武术资源,立足于不同视角最大限度地开发散打的商业价值,实现散打赛事效益最大化目标。最后,科研力量的支持力度不足。积极开展散打市场化的科研攻关工作,促使散打职业化运营的构建基础是最新的科学成果,由此实现经济效益最大化。

截至当前,中国体育市场化依旧处于起步阶段,体制问题对体育职业化产生了很大影响,如尽管足球职业化已经经历了很长时间,但依旧存在多重矛盾。作为非奥运项目的散打运动和奥运会项目存在诸多不同,此外,散打运动需要战胜的困难还有很多。从本质上来说,散打王比赛对散打运动产生的影响已经远超比赛本身,散打王比赛在全面发挥媒体优势力量的基础上已经演变成散打运动的领头羊,此外引领着散打运动的发展走向。由此可见,现阶段散打工作要点是在努力进军奥运会的同时,加快散打的商业化步伐,积极探索符合我国实际国情的武术散打市场化发展道路。

2.积极开发武术套路市场

武术套路拥有多样化的内容、形式、风格,也拥有极高的艺术美学价值,但比散打的实用性要弱很多,而复杂程度比散打运动高很多,所以说武术套路的市场开发和常见体育项目存在诸多差异。开发武术套路市场的对策如下。

(1)发挥竞赛的杠杆作用,加快武术项目普及速度和提高速度

武术套路作为竞技项目存在的突出问题是:第一,竞赛主体不明确,关于武术套路运动"比的是什么"还模棱两可;第二,恰恰是因为比赛主体存在不确定性,所以使得套路竞赛规则稳定性差、复杂累赘、无法达到客观性要求,这是制约武术进军奥运会的一项关键因素,所以说要想有效发展武术套路运动竞赛就必须对套路运动实施科学合理地竞技改造,具体工作就是确立比赛主

体、制定相应规范、制定达到相关要求的竞赛规则；第三，充分发挥竞技体育竞赛的杠杆作用，适度增加武术基层组织建设的力度，进一步发展基层武术训练、基层武术竞赛、基层武术管理，逐步构建出以基层体校或传统体育学校为起点、向社会输送优秀武术人才的机制；第四，充分发挥竞赛的杠杆作用，促使武术竞赛达到更高的规范性要求，拓宽武术国际市场，使武术国际化发展速度有所加快。

（2）发挥套路运动艺术价值，把各种套路运动和多种舞台艺术形式结合起来

借助优秀剧目和舞台艺术来彰显中国武术的发展历程和文化底蕴，大力倡导武术彰显出的人文精神。在文化艺术呈现出良好发展势头的当下，必然拥有良好的市场前景。

(三)积极开拓国内、国际市场

综合分析会发现，中国武术在很早之前就已走出国门，但截至当前的推广规模和推广速度并不尽人意，而开拓国际市场对中国武术进入奥运会有很大影响，所以说加快武术国际化步伐至关重要，具体应从两方面努力。

一方面，要有目的、有计划地培养参与武术教学活动、武术训练活动、武术科研活动的教师队伍、教练员队伍、裁判员队伍，同时保证他们拥有较高的业务水平和外语语言水平。

另一方面，积极和师资力量雄厚的体育院校展开合作，设置针对外国学生的专业，大力培养和中国武术发展需求相符的国际性人才，加快中国武术的国际化发展速度。

四、中国武术市场化发展的走向

(一)武术健身活动广泛开展，经济效益有待提高

在古代就已经存在武术健身。在百姓物质生活水平持续提

升、百姓健康需求日益多样化的当下,现代人越来越看重中国武术的健身功能,中国武术在健身娱乐市场的发展潜力不断增加。但截至当前,社会化武术健身活动为武术健身消费创造的经济效益还相对有限。

(二)武术专项旅游在体育旅游市场中占一席之地

武术旅游作为"特色旅游"市场,近几年在武术市场开发中的商业价值在持续提高。在广大群众生活质量提高,生活方式巨变,工作节奏和生活节奏持续加快,环境污染问题、生态失衡问题、营养过剩问题不断加重,危害人类健康的因素逐步增加的社会背景下,以回归自然为理念的体育旅游产生。体育旅游凭借自身多重特征激励越来越多的旅游者参与其中。致力于提高人们健康水平、以学和游结合为特色的武术专项旅游积极顺应体育旅游的发展潮流,凭借显著健身效果和独特东方文化韵味逐步演变成体育旅游市场中的一大热点。

(三)竞赛类型多元化,运作手段以市场为主导

从本质上来说,竞赛是体育项目活动的核心与主体。在计划经济主体下,我国武术事业持续发展的资金来源主要源自国家财政拨款,同时始终在根据国家相关指令计划组织和举办各式各样的武术活动,武术工作侧重于围绕优秀运动队的比赛,赛事体系的单一化问题突出。在社会主义市场经济体制慢慢被确立下来,中国武术逐步在社会化道路和产业化道路上大胆前行的当下,武术竞赛活动的发展速度持续加快,武术竞赛类型朝着多样化方向发展,竞赛操作方式逐渐趋向市场化的运作手段。

从竞赛类型看,目前计划内武术正规比赛主要有国内的全运会、全国锦标赛、全国冠军赛,国际的有亚运会、世界锦标赛、亚洲锦标赛等。除此之外,各地武术商业性比赛、表演和大型社会武术活动近年来也层出不穷。

包括散打对抗赛、对练精英赛、社会武术交流赛、商业性表

演赛等在内的赛事中,虽然部分赛事活动获得经济收益有限,但在竞赛形式、竞赛方法、竞赛规则、竞赛体制等方面改变了武术项目原本过于单一的竞赛体系,赛事运作方式和手段的市场化特点越来越显著。新型武术赛事和市场化运作的良好发展态势,慢慢形成近些年武术竞赛市场中多样化特征显著的竞赛活动格局(图 6-4),为武术产业健康发展提供了良好的外部环境。

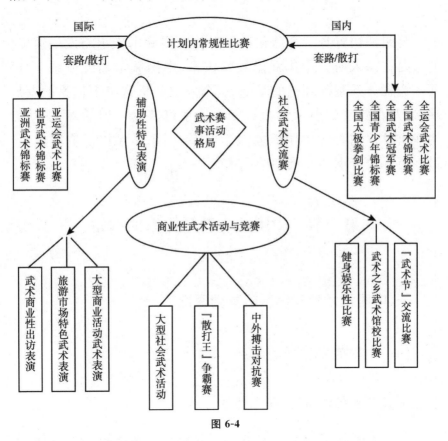

图 6-4

第七章　全球化背景下中国武术的
多元体系构建

要想加快置身于全球化背景下的中国武术传承与发展速度，就需要在深入研究中国武术教学体系、中国武术训练体系、中国武术竞赛体系基础理论的基础上，全方位剖析这三个体系的发展现状，并在此基础上探索出这三个体系可持续发展的对策，从而构建出日益完善的中国武术教学体系、训练体系以及竞赛体系，最终更好地传承和发展中国武术。

第一节　中国武术教学体系的构建

一、中国武术教学体系的基础理论

（一）中国武术教学的特点

1.注重直观教学，以领做为主

参与武术教学活动的学生往往会遇到三项问题：第一项问题是动作数量多，即不同风格的刀、枪、剑、棍、拳等，每一套都有数十个动作；第二项问题是方向路线变化多，往返折叠，左旋右转，路线复杂；第三项问题是每个动作包含多项因素，外有手眼身步的规格，内有精气神意的配合。除上述三项问题外，动作之间的前后衔接、连贯、节奏等都是学生需要面对和解决的问题。这几方面的问题无疑都会或多或少地影响武术教学的顺利开展。

基于这些情况，教师应当深刻认识并重视直观形象的演示，尽可能采取领做的方式，始终坚持身教重于言教的教学原则，激励并督促学生反复习练，促使学生逐步掌握相应动作，为武术教学顺利开展提供保障。

2.强调武术动作规格，彰显武术劲力和精神

在武术教学实践中，当学生对动作来往路线形成清晰的认识后，教师应向学生提出动作要工整而准确的要求，反复向学生重申动作要和规则相符合。绝大多数武术动作都是意在攻守，攻和守都要采取清晰而确定的方法，都要保证劲力十足。当学生的拳腿和招式达到劲力十足的要求，才能充分彰显出武术的攻防特征。

除此之外，教师在武术教学过程中要向学生强调外形动作的规格，并在此基础上把彰显武术的精神，尽最大努力达到形美、劲道、质善三项要求，最终保证武术形神兼备的特征被充分彰显出来。

3.讲解示范和攻防动作充分结合

在讲解示范时，教师务必要和攻防动作充分结合起来，由此保证学生对动作用法形成正确认识、对攻防动作形成深刻理解，最大限度地激发和调动学生学习武术的主观能动性，如此有助于学生全面掌握动作的攻防含义，也有助于增强学生的攻防意识。

除此之外，教师应要求学生将自身置于战斗氛围浓郁的场合中，在遵循武术运动规律的基础上全方位地彰显自身的斗志、所做动作的攻防意向等。

(二)中国武术教学的要求

1.注重示范教学，教学形式要多样化

因为武术技术动作相对复杂，所以教师必须注重示范教学。

具体来说,示范是指主体通过原本的"影像"和真实的方式将武术技术动作传递给受体的过程。教师在示范过程中需要注意的有两方面:一方面,教师示范务必要达到规范性和真实性的要求,原因在于达到规范性要求的示范能为受体建立正确的技术动作表象,同时有助于学生形成正确的技术动作动力定型;另一方面,教师示范要富有感染力,为此需要在武术技术动作的攻防意义和艺术表现两个方面多下功夫。对于学习中国武术时间较短的学生来说,富有感染力的动作能对其产生更大的吸引力。

随着越来越多的现代教育技术应用到武术教学中,使得开展和参与武术教学越来越便利,作为教师应当在直观性强的武术教学中利用好各种教学形式,确保教学形式达到多样性要求,由此获得最理想的教学效果。当人们接受信息的渠道越来越多后,对信息的感知也会更加全面。对于参与武术教学的教师来说,不仅可以通过视觉、听觉、触觉、肢体的本体感觉来感知,还可以借助心理念动和人机对话等多样化形式强化信息,由此提高自身形成运动技能的实际效率。

2.全面了解和认识各拳种的风格和特征

中国武术的拳种和流派都很多,各个拳种的风格和特征有很大不同,所以教师应当详细介绍拳种的风格和特征。一般来说,所有拳种的风格和特征都会借助具有代表性的技术动作反映出来,如长拳的风格特点是舒展大方、快速有力、动迅静定、节奏鲜明。拳种风格和特点的常见呈现方式是教师的组合和套路演练、技术录像、光盘等。

当学生全面掌握拳种技术和拳种基础性的理论知识后,要高度重视教学的精细环节,用心示范和讲解拥有独特特征和风格的技术动作,并且督促学生重复练习,由此推动学生全面掌握技术结构、动作过程、套路风格。

3.强化学生的安全教育意识

由于武术教学中存在诸多不安全因素,因而教师必须定期开展安全教育活动,否则将不能严防教学事故的发生,教师应当在课前、课中和课后进行安全检查和教育。

安全教育是对学生的关怀,是素质教育中的关键环节。作为武术教师,应当牢固树立以人为本的教育理念,把人的身心安全因素置于关键位置,要求和督促学生高质量完成准备活动与整理活动,妥善安排学生的运动量,提前布置和检查教学场地与教学器材,认真完成保护工作和帮助工作。

需要补充的是,教师促使学生深刻认识到参与武术教学实践活动的目的是提高身体素质同样很重要,如果学生在身体素质不达标的情况下盲目练习难度动作,则是不科学的。

二、中国武术教学体系的发展综述

(一)中国武术教学体系的现状分析

在过去的几十年中,中国武术教学经历了从弱到强的过程,从 20 世纪 80 年代开始中国武术在各级学校的体育教学中越来越受重视,作为民族传统体育的武术已经发展成我国各级学校体育教学必修内容之一,武术协会与不同种类的武术研究院相继成立于很多高校。发展至今,中国武术教学正在由单一化课堂教学朝多形式、多层次的方向发展。

虽然中国武术教学获得了很多发展成果,但置身于社会急速转型、社会各领域似乎呈现出"催熟"状态的社会语境中,中国武术教学体系中存在很多项问题,具体如下。

1.中国武术教学体系存在的表层发展问题

(1)师资力量方面的问题

截至当前,武术师资力量并未满足素质教育与终身教育的教育目标,也未满足弘扬和传承中国武术的时代需求。就武术技术来说,绝大部分武术教师只接受过竞技武术套路的训练和培养,了解并掌握的传统武术套路屈指可数,未能将武术内涵的传统文化内力呈现给参与武术教学的学生。就教学方法和教学内容来说,武术教师选择的教学方法和教学内容往往过度陈旧,开发和创新新型教学方法的主观能动性不足。就武术教师培训机制来说,培训机制缺失的问题存在已久,这不仅会使武术教师无法及时更新教学观念和知识体系,还会增加武术教师适应持续变化的教学需求的难度。

(2)教学内容方面的问题

高校武术教学内容远远落后于时代发展节奏,占较大比例的武术教学内容是竞技武术套路,传统武术套路所占比例极小。与此同时,武术教师往往会忽视武术文化的内涵和精神,没有把中国武术蕴含的传统文化和民族精神贯穿在武术教学内容中。

从本质上来说,教学内容存在缺陷和武术教材短缺且陈旧存在很大关系。教材可以为武术教师制定教学内容提供依据,但截至当前我国没有任何一本能体现现阶段武术教育要求的统编教材。截至当前,制定出的很多规定给予了各个地区和各个学校编写武术教材的自主权,但这种自主权仅停留在理论层面,在实践操作层面依旧存在武术教材无法满足武术教学实际的现实问题。在武术教学没有参照教材的情况下,武术教师选择并确定的教学内容主要以竞技武术为主,自然无法把传统武术的攻防技击性和文化属性彰显出来。

(3)教学方法方面的问题

分析当前的武术教学方法会发现,存在的突出问题是单一、老套、创新性不足、想象力不足、无法充分激发学生的主观能动性、不能实现武术教育终身武术的教育目标。

武术教学方法方面存在的问题并非是孤立的,革新教学方法和教材研究、教学内容改良、师资力量强化都存在很大关联。当武术教材和武术教学内容达到明确性要求且和高素质人才培养要求符合后,教学方法改革才能做到有据可依且获得预期成效。如果只改革教学方法,但教学内容未能紧跟时代发展节奏,则教学依旧是失败的;教师在武术教学实践中发挥着主导性作用,充当着改革和创新武术教学方法的实施者与创造者,优秀武术教师不只是能在教学实践中采取当前的教学手段,也能基于已有的教学方法和教学实践经验进行大胆革新,最终创造出新型教学方法、开发出最新的教学内容。但分析现阶段的武术教学实践活动会发现,由于武术教学的教学内容和师资力量都有或多或少的问题,所以改革武术教学方法获得的实际效果往往不尽人意。从整体来说,改变武术教学现状的前提条件是在武术教育战略指导下构建合理可行的教学体系。

2. 中国武术教学存在的深层发展问题

从表层来看,中国武术教学的问题突出体现为教学问题,但问题的根源并非在教学本身,而是因为武术教学体系缺失造成的。武术教学作为武术教育的实践操作层面,离不开科学理论的支撑作用和指导作用,但截至当前武术教育自国家层面到地方学校并未设立只研究武术教育的专门化研究机构,武术教材短缺、武术教学内容未紧跟社会发展节奏、武术教学方法改革效果不尽人意的问题十分突出。这方面的现实问题会使得武术教育无法获得科学指导和规划依据,发展过程中没有目的性和计划性,教学改革进程远远落在时代发展进程之后,最终造成武术教育发展难以获得实质性突破。

除此之外,武术教育缺乏监督评价机制,这大大增加了实现武术教学目标的难度和提高武术教学质量的难度,不利于推进武术教学改革进程和武术教师创造力的充分发挥,由此造成的后果是教育教学理论和实践层面发生断裂,武术教学改革只停留在形式上。具体表现是开展武术教学活动的教师没有工作激情,创新精神和学习深造的主观能动性不足,教学内容和教学方法常常沿袭以往的内容和方法,不结合时代发展需求和教育教学需求来开发崭新的教学内容、尝试运用崭新的教学方法,由此使武术教学体系无法获得实质性进展。

综上所述,现阶段武术教学体系存在的深层次问题是:把武术教育视作传承中华民族文化的意识过于薄弱,将传承民族文化的理念和战略指导思想渗透到武术教学全过程中的意识薄弱。因为中华民族文化是中华民族的精神栖息地,所以武术教学体系的首要发展任务是牢固树立武术教学是弘扬和传承中华民族文化的理念,逐步构建出武术教育专门研究机构、教学和监督评价机制三位一体的武术教育体系,为社会输送源源不断的优秀武术后备人才。

(二)中国武术教学体系的发展对策

1.建立科学的武术教学体系

科学的武术教学体系,不仅要保证教育目标和教学呈协调统一的关系,还要保证编写的武术教材能满足社会发展需求和武术教学要求以及保证武术教学目标、武术教学内容、武术教学方法等彼此适应,此外要有相对应的教育监督评价反馈发挥保障性作用。具体的建立要点如下。

(1)建立专门的武术教育研究机构,深入研究武术教育

武术教学和其他公共体育科学在特点存在很多差异,中国武术教学在传承民族文化和弘扬民族精神两个方面发挥着无法取代的作用,同时武术文化具备的复杂性特征和独特性特征,以及中国社会快速转型的实际国情,都使得当前必须深入而细致地研究武术教学以及发展概况。

研究武术教学需要达到两方面要求:一方面,要为各级各类学校开展武术教学活动提供依据与支持,科学指导武术教学工作,有效避免武术教学产生盲目性与随意性,促使武术教学工作的合理性特征、目的性特征、计划性特征更加显著;另一方面,和监督反馈机制相互配合,保证监督反馈有可供参考的依据,加大对监督反馈信息的研究力度,确保武术教学理论紧跟时代发展节奏,定期调整和优化武术教学实践。

值得一说的是,因为各级各类学校的武术教育发展现状存在

或多或少的差异,同时武术文化存在显著的民族性特征和地方性特征,所以有条件的学校应设立本校的武术教育研究机构,从而对本校武术教学顺利开展发挥支持作用。

(2)促使武术教学的各个方面实现协调发展

武术教学各个方面存在着相互联系、相辅相成的关系,所以武术教学必须基于扎实的武术教育研究工作展开统一规划发展,促使选择教学目标、选择武术教材、制定教学内容、运用教学方法、运用评价方法、培养武术师资力量这六个环节呈现出协调配合的状态。切实可行的武术教学目标相当于武术教学中的灯塔,对武术教师开展各方面工作都有引导意义,选择和确定武术教材和武术教学内容时要把教学目标实现的可能性、学生学习的主观能动性、教师的综合水平都纳入考虑范围。

在武术教学过程中,要科学构建武术教师的培训交流机制,定期开展针对武术教师的培训活动,为武术教师之间进行密切交流提供更多机会,想方设法促使武术教师教学水平能紧跟持续变化的教学情况,此外教师教学水平持续提升能有效推进武术教材、武术教学内容、武术教学方法、武术评价方法的改革进程。从某种程度来说,增加武术教师的交流机会和学习机会,能使教师的武术教学视野更加开阔,促使教师及时更新自身的教学理念,使教师的武术技术水平与理论水平得到大幅度提升,由此便于教师把最新内容和武术教学实践充分融合起来,保证武术教学能更好地适应持续更新的社会多元需求。

(3)促使武术教育监督反馈机制对实现高校武术教育发展战略规划发挥保障性作用

建立和完善武术教育监督反馈机制应达到独立性要求和自主性要求,由此确保监督反馈信息真实且客观。具体来说,武术教育监督反馈机制建立达到专门化要求的监督反馈机构或者构筑流动的监督评价专家队伍均可,重中之重是保证监督反馈渠道保持畅通状态、保证监督反馈信息达到真实性和客观性这两项要求。

2.建立完善的武术教育教材体系

分析武术教学现状会发现,武术教育教材缺失和教材短缺已经演变成制约中国武术教学发展的两大阻碍。武术教材短缺会对武术教师制定教学内容、革新教学方法、完成教学任务产生直接影响,由此延长达成武术教学目标的时间。

武术教材能为武术教学提供重要依据,制定武术教材要与时代发展需求、学校培养人才的目标、武术文化特色充分结合起来。编写高校武术教材时,要紧密衔接中小学武术教材,兼顾学校武术教育连续而统一的现实状况,严禁出现高校武术教材和中小学武术教材严重脱离的情况发生;同时由于武术集地域性特征和民族性特征于一体且我国当前的武术教学失衡问题严重,所以编写武术教材和构建武术教材体系时务必要达到层次性要求与差异性要求,不仅要积极推广和试行全国统编的武术教材,也要在兼顾武术的具体特点和武术教学发展现状的基础上不断调整、不断优化,把集民族特色和地方特色于一身的拳种技术和武术文化融入地方高校武术教材中,从而确保武术教材和地方高校武术教育的发展情况更加吻合。

基于我国各级各类学校的武术教学对武术教材提出的要求,在构建和优化武术教育教材体系时需要达到以下几项要求。

(1)建立从国家到地方到学校的专门研究机构或者专家组,有目的、有计划地对武术教学展开深层次、全方位地研究,准确把握时代需求、武术具体特征、武术发展走向,基于学生身心发展特征编写武术教材。

(2)编写武术教材时要把学校武术教育的连续性与完整性纳入考虑范围,严禁出现高校武术教育、中学武术教育、小学武术教育出现脱离的情况发生,严防各阶段的武术教材发生断层问题,将武术教材影响各阶段学生学习武术的可能性降到最低。

(3)科学构建国家、地方、高校三级教材体系。鉴于武术的地域性特征和民族性特征显著,同时我国武术教育发展至今依旧存在地域差异和地域失衡问题,所以编写武术教材时必须要把这些方面考虑在内,从而使编写出的武术教材和各民族、各地区的学校实际状况相符。各地方应当以国家统编武术教材为基础,全方面考察和分析本地区、本民族武术拳种流派的特征,把拥有浓郁地方特色与民族特色的武术技术和武术文化特色渗透在武术教材的方方面面,促使武术教材的内容朝着多样化方向发展;就学校来说,建议密切联系本校的武术教学现状,邀请当地民间拳师对武术教材编写工作提出具体可行的建议,从而使武术教育教材朝着更好的方向发展。从本质上来说,武术教育教材的三级体系属于统一的整体,彼此之间存在着相辅相成的关系,国家统编武术教育教材是各个学校武术教材的蓝本,地方及各级各类学校自编的武术教材则有助于武术教材持续发展、更加完善。

3.建立完善的普通高校武术教师培训机制

对于武术教学来说,武术教师发挥着尤为重要的作用。武术教师的综合能力对武术教学的各个环节都有很大影响,对武术教学质量、教学任务完成情况、教学目标达成情况发挥着决定性作用,对武术教学改革产生的影响也尤为深远。分析现阶段的实际状况会发现,武术教师并未充分满足武术教育终身武术、弘扬并传承民族文化与民族精神的教育要求,武术教学的理念、方式、方法都有待完善。置身于全球化时代和社会节奏逐步加快的社会背景下,人们必须进行终身学习,作为一名武术教师必须保证自身开展的武术教学活动紧跟时代发展节奏,必须通过终身学习来更新自身的武术理论知识和武术运动技能,从而更好地适应不断更新的社会需求。具体的建立要点如下。

(1)不断优化当前的武术教师评价机制,在教师评价标准中增加教师对外交流情况、培训情况、学习情况,支持并督促武术教师终身学习。

(2)学校要为武术教师参与培训活动提供政策方面的支持与保障,制定切实有效的奖惩措施,为武术教师培训活动获得预期效果提供保障。

（3）学校要把校内交流和校际交流充分结合起来。建立并完善适用于校内教师定期交流的相关制度，促使武术教师向其他教师分享培训内容与教学经验；各级各类学校要定期开展校际间武术教师的交流活动，使各校武术教师交流武术教学经验。

（4）学校教师应扎根于民间，在民间切身感受武术文化，积极学习和掌握民间武术的技术技法、教学模式、训练模式，在武术课堂上添加传统武术的内容。当学校武术教师真正了解传统武术后，才能做好传统武术的传播者、民族文化和民族精神的传承者。

（5）建议学校聘请民间武术家来学校开展武术教学，如此不仅能对学生学习武术产生积极作用，也能将武术教师集中起来参与传统武术培训活动，促使学校武术教师的综合能力有所增强。

4. 制定相关政策法规以支持普通高校武术教育

在全球化背景下，国家的政治、经济、文化、教育等多个方面的发展呈现出了逐步统一、不断融合的发展趋势，教育方面要想健康发展离不开政治支撑、经济支撑、文化支撑，同理学校武术教育的健康发展也不可和国家政治经济大环境发生脱离。纵观学校武术教育的发展历程会发现，始终离不开国家政策法规发挥指导作用与支持作用，所以各级各类学校武术教学同样应以我国政治经济发展状况为立足点，制定和落实武术教育发展战略时要自觉依托国家政策法规的指引作用与支持作用，政策法规支持是武术教育发展战略中无法替代的一个组成部分。

自新中国成立以来，国家政策法规在学校武术教育发展历程中发挥了显著作用，不仅为学校武术教育的发展指明了具体方向，也在学校武术教学的发展过程中注入了推动剂，还使得学校武术教育的发展速度有所加快。从某种程度来说，建立民族传统体育专业极大地推动了武术教育的发展进程，为学校武术教育培养高素质教育人才和武术理论研究工作推动武术教育发展这两个方面提供了巨大支持和理论依据。高校武术教育与民族传统体育专业是高校武术教育发展的两大阵地，它们的建立和发展历程充分反映了武术教育发展状况和国家政策法规支持力度存在着紧密联系。就当前来说，置身于全球化背景下和社会快速转型的背景下，学校武术教育更加离不开国家政策法规发挥支持作用与引导作用，贯彻落实学校武术教育发展战略的过程中离不开政策法规发挥保障性作用。从某种程度来说，武术教育改革成果不只是会因武术教育内部的革新成果发生变化，也会因国家政策法规支持力度等外部环境的实际情况发生变化。国家政策法规重视学校武术教育，不但能加快学校武术教育的改革速度，而且能加大学校武术教育的改革力度，甚至能有效促进学校武术教育顺利达成跨越式发展目标。

从整体来说，国家政策法规应当渗透和反映在武术教育科学化建设的方方面面。首先，发挥有关政策、条例、法规等在武术师资力量发展过程中的规范性作用，建立达到系统性要求的教师聘用制度、教师管理制度以及教师培养制度，尤其是要构建和完善武术教师终身学习机制，促使武术教师的专业水平和思想道德素质得到大幅度提升。其次，因为国家政策法规支持力度对武术教育教材体系的持续优化有很大影响，同时我国独特地理环境和多民族国情对三级教材体系的构建有决定性影响，所以武术教材应当把武术技术体系的多样性特征和差异性特征充分彰显出来，颁布切实可行的国家政策法规能使武术教材研究工作的深度和广度得以增加，能加快学校武术教材三级体系的构建速度。再次，教育部门、政府部门以及社会各界应当大力支持和配合建立武术教育专门研究机构、教学体系和监督评价机制三位一体结构的相关工作，建立专门研究机构和监督评价机制都离不开充足的人力资源、物力资源以及财力资源，都离不开国家政策法规对多方资源的整合工作，只有这样才能在全国范围内构建与推广。综上所述，武术教育发展战略不仅离不开国家政策法规为其提供外部发展环境,也离不开国家政策提供人力资源保障、物力资源保障以及财力资源保障,只有这样武术教育发展战略才能拥有宽广且稳固的实践平台,只有这样武术教学才能在科学化发展道路上越走越远。

第二节 中国武术训练体系的构建

一、中国武术训练体系的基础理论

(一)中国武术训练的原则

武术训练原则是对武术运动训练实践经验的总结,集中体现了武术训练活动的一般规律,同时是在遵循武术训练活动相关规律的基础上确定出的组织武术训练必须达到的基础性要求。

从本质上来说,武术训练原则是运动训练原则的一个子系统,所以武术训练中不只是要遵循训练学的一般训练原则,也要以武术专项特征和武术蕴含的东方文化为依据,严格遵循拥有武术特色的训练原则,具体原则如下。

1.功贯始终、寓含技击的原则

功贯始终是指把武术基本功训练贯穿在训练全过程,武术运动员认真完成基本功训练能使其逐步掌握武术基本技术和武术技能。具体来说,武术基本功不单单是武术初级阶段的必修内容,更是使武术运动员技术水平得到大幅度提升的一项可行性手段。即便是武术运动员武术习练者水平达到中级或者高级,依旧要高质量完成基本功训练的训练任务,从而使自身的武术套路演练水平得以保持或获得大幅度提升。与此同时,应当把武术基本功训练置于每次训练课的开始部分,如此不仅能发挥出准备活动减少运动员损伤的作用,也能使得武术运动员为过渡到高难度套路练习做好准备工作,使武术运动员完成高难度动作的信心倍增,使武术运动员的训练水平得到大幅度提升。由此可见,无论武术运动员的运动水平多高,都有必要在训练全过程认真完成基本功训练任务。

武术运动员在演练时把技击意识寓含在武术套路中,借助意来引导动作,把自身对动作攻防含义的认识融入动作中,由此充分彰显中国武术的独特魅力,促使自身所做动作更加充实饱满,即"寓含技击"。虽然现代武术并非实用技击术,但技击性特点依旧是武术套路的一项显著特征,这是亘古不变的。武术套路是将技击动作作为素材,借助套路演练的方式来反映出具备实用攻防意义的技击艺术,所以说武术运动员在演练时务必要具备较强的技击意识。

2. 动静结合、内外互导的原则

"动静结合"是指把静止性定势练习与活动性过程练习充分结合起来,同时促使这两项练习辅佐彼此。武术运动员参与动力性练习,能使其动作更加灵活,有效防止肌肉僵滞的情况发生;武术运动员参与静力性练习,能使其动作更加准确,降低其形成规范动力定型的整体难度,使武术运动员的功力得到大幅度提升。动力性练习和静力性练习之间是相辅相成、相互促进的关系。武术运动员在参与完整技术动作训练时,务必要达到动中有静、静中有动、动中有法这三项要求,如此才能使武术运动员在武术方面的运动素质得到大幅度提升,同时逐步形成正确的动力定型,最终对运动员武术运动技术水平的大幅度提升产生显著作用。

"内外互导"是指"以内导外,以外导内"两种方法相结合运用,换句话说就是先外求形体动作的准确与完整,后内求意念、精神、气息,最终达到手、眼、身法、步和心志、意、气的内外合一。

3. 用心领悟、突出风格的原则

用心领悟是指武术运动员发散思维、仔细揣摩武术动作的内在含义、逐步对动作诀窍形成透彻的认识,在此基础上把武术动作内外合一与形神兼备的整体性充分彰显出来。

至于"风格"应当立足于三个视角加以理解:首先,是指武术风格,即具备武术项目特征;其次,是指套路风格,即拳、械技术与运动风格;第三,是指个体风格,即个体演练的风格。由此不难得出突出风格的概念,即突出武术风格是指动作要有武术的韵味;突出套路风格是指要将不同拳、械的技术和运动风格突出表现出来;突出个体风格则是指将自身的个性特征与套路融合,将各自不同的风貌突出表现出来。当武术运动员达到这几项要求后才能充分彰显武术套路的内在意义。由于不同风格可以把不同武术运动员在认知武术上的差异性反映出来,因而武术运动员参与武术训练时应有意识地将个人风格彰显出来,深刻认识到彰显个人风格的深远意义。

4. 持之以恒、重复渐进的原则

习练武术异常艰苦,所以在其发展过程中出现了"冬练三九,夏练三伏"的说法。武术运动员要想使自身的套路技艺水平得到大幅度提升,就必须经历技术和功力逐步渗透的过程,就必须坚持不懈地参与武术习练活动。在这种情况下,武术运动员不仅要具备较高的身体素质,也要具备较高的思维水平来深刻感悟。从某种程度来说,可以将武术套路理解成一种没有止境的艺术;从一般意义上来说,可以把武术套路理解成时间积累的结果,武术运动员采取的习练方法仅仅是其武术水平得以提高的催化剂,任何习练方法都不能替代量的积累,在习练时间持续增加且积累到特定量时,习练方法的作用才可以发挥得淋漓尽致。

"重复渐进"是指习练者要重复习练武术训练内容,在重复习练的过程中切身感受内化技艺,由此使自身的武术技术水平逐步提高。但需要说明的是,这里所说的重复并非是简单意义上的重复,而是在重复的过程中不断提高习练要求。对于绝大多数武术运动员而言,拳打脚踢掌握起来很容易,但凭借胸的吞吐和腰的折叠拧转来表现的身法却有很大难度。由此可见,武术运动员要想巩固和提高自身的武术技艺,并在此基础上形成正确动力定型,同时使自身演练武术套路的技术更加纯熟,则必须在重复练习的过程中慢慢领会中国武术的内在神韵。

(二)中国武术训练的内容

在武术训练过程中,根据训练目的和训练内容的差异性能把训练内容划分成几种,具体如下。

1. 体能训练

体能训练内容分别是身体形态训练、技能训练、素质训练,同时通常把体能训练划分成一般体能训练与专项体能训练。武术运动员参与一般体能训练时往往采用不同种类的非专项身体练习,不仅能改善运动员形态,还能使运动员的身体健康水平、身体机能水平、各项运动素质得到大幅度提升;武术运动员参与专项体能训练往往会结合专项需要采用和专项存在关联的专门性身体练习,不仅能使武术运动员和运动成绩存在直接关联的专项运动素质得到大幅度提升,还能使武术运动员参与武术专项必需的身体形态与机能获得有效发展。

2. 技术训练

在武术训练中,技术训练部分是最主要的部分,武术运动员的技术训练水平会集中反映为参赛过程中的运动水平,所以说武术教练员应高度重视技术训练活动。与此同时,由于武术运动是一项技术性很强的体育运动项目,因而武术教练员和武术运动员都应当深刻认识到技术训练的重要性和必要性。以技术动作在训练中的目的、技术训练在武术套路中的构成与影响效果为划分根据,能把技术训练划分成基本训练、组合训练、分段训练、整套训练。

3. 心理训练

发展至今,武术训练中的心理训练活动被置于越来越高的位置上,其具体是指培养武术运动员和武术训练存在关联的个性心理特征以及结合竞赛需要把握和调节心理的能力。对于参与武术竞赛的运动员来说,在运动场上的状态会直接影响其演练水平。在这些现实状况下,武术教练员和武术运动员都日益看重心理训练活动。

4. 智能训练

智能训练是针对运动员智力开展的特殊训练,其往往被划分成一般智能训练与武术智能训练。一般智能训练是武术智能训练的基础,侧重于发展运动员一般智能,武术智能训练侧重于发展运动员和武术专项存在关联的专项智能。

由于运动员智能在比赛中属于内隐性因素,所以经常得不到教练员和运动员的重视,但运动员智能水平往往与其运动水平存在很大关系,运动员智能水平是其竞技水平的集中反映之一。在竞技运动水平持续提升的情况下,智能训练的重要性得到越来越多人的认可。

(三)中国武术训练的注意事项

武术教练员和武术运动员要想获得理想的训练效果,就必须对某些方面的事项加以注意,具体如下。

1. 注重提高中国传统文化修养水平

中国武术是我国民族传统体育项目之一,其中蕴藏着深厚的传统文化。武术运动员自觉提高自身在中国传统文化修养方面的水平,能使其更加深刻、更加全面地认识武术套路运动,也有助于其在练习武术套路的过程中构筑稳固的民族文化底蕴。

2. 注重训练和恢复的有机结合

参与武术训练相当艰苦,特别是在"高、难、新、美"技术发展方向的指引下,武术运动员完成很多动作时必须具备很高的柔韧素质、弹跳素质以及灵敏素质等,这或多或少地会加重对运动员身体的伤害。与此同时,由于武术训练是以乳酸代谢供能为主的运动项目,所以武术运动员要想保持运动训练的可持续性,就务必要在现有水平的基础上持续提升。

由于武术训练是持续打破原有平衡并建立新型平衡的过程,同时完成大强度训练后的恢复是运动训练的一个关键性组成部分,所以武术教练员务必要运用达到针对性要求的恢复措施。

3. 要对教练员与运动员交流的加强加以注意

对于武术习练活动而言,因为武术运动员的自我感觉有或多或少的不同,所以教练员往往难以察觉运动员的微小动作感知和内心体验。在武术训练中,武术运动员和武术教练员的交流是一个关键部分,交流能使两者内隐的认识和感知相互融合、有效沟通。武术运动员把无法理解的知识点或者存在困惑的内容告知教练员,教练员往往会与运动员进行训练主导思想层面的沟通,并在此基础上共商对策,由此从根本上改善武术训练效果。除此之外,武术运动员和武术教练员的有效沟通,能使两者的感情更加深厚,也能共同营造出融洽的训练氛围。

二、中国武术训练体系的发展综述

(一)中国武术训练体系的现状分析

发展至今,中国武术训练已经获得很多可喜的成果,但也有一些问题有待处理,具体如下。

1. 重技能,轻理论

中国武术训练发展至今有很多问题需要妥善处理,如在指导和训练运动员的武术动作上分配过多时间,忽视武术动作背后的形体实质,未能深刻领会武术的精神内涵,进而使武术训练呈现出重技能、轻理论的发展现状。

中国武术训练之所以会出现重技能而轻理论的问题,一方面是因为武术教练员储备的武术知识有限,未能清楚而透彻地讲解相应武术作用的内涵;另一方面是因为武术运动员未能深刻意识到武术精神内涵的重要性,很多武术运动员至今抱有只要学会武术动作套路就意味着武术训练的学习告一段落的想法。

2. 重竞技,轻普及

在竞技体育快速发展的当下,我国武术训练难免会产生竞技热的倾向。截至当前,我国各个体校的武术训练目标往往围绕"竞技比赛"的目标开展,包括武术人才和科研力量在内的多种武术资源都纷纷流入武术竞技领域,针对武术训练展开的全民普及工作的实际效果不尽人意,这大大减少了广大百姓接收正规武术训练的渠道,与此同时武术人员的竞技压力也在持续增加,由此产生的结果是过度追求竞赛成绩的功利化心态,但这显然违背武术训练突破自我和极限的训练目标。此外,武术竞技大环境中某些心理素质偏低的武术训练者在比赛失利后往往容易产生放弃自我或者否定自我的负面心理情绪,这不利于顺利展开武术训练活动。

3. 重效率,轻素养

就现阶段来看,重效率、轻素养的不良现象广泛存在于不同形式的武术训练活动中。详细来说,为数不少的武术教练员在指导运动员习练武术动作时过度重视武术训练效果,如运动员是否准确记住武术的套路动作以及运动员在武术竞技中获胜的可能性。与此同时,由于武术训练的目的性很强,因而很多武术教练员在设计和指导武术训练活动时常常想要使运动员训练成绩在最短时间内出现显著改善,但这无疑不利于武术运动员武术素养的提升,这种训练方式的缺点着重反映在"武德"教育上。由于很多武术运动员没有深刻理解传统"武礼",也不是真正意义上的"武礼"传承人,所以出现了自身素养缺失的问题。

(二)中国武术训练体系的发展对策

1.加大投入力度,改善训练条件

武术训练往往会受多重因素的影响,其中的一项关键性因素就是场地设施情况,原因在于场地设施是开展武术训练活动的重要基础,倘若没有场地设施,则开展武术训练活动将无从谈起。相关调查表明,很多学校的武术训练场地设施不足,具体反映是武术训练的场地面积小、场地质量不高、场地多为露天场地且极易受自然环境影响;包括刀和剑在内的武术训练器械的数量较少、质量不高,器械损坏程度严重;包括肋木和皮筋在内的武术训练辅助设施的总数量有待增加。

基于这些情况,存在相关问题的学校必须加大在武术训练方面的投入,积极改善武术训练的场地条件,促使武术训练的场地质量有所提高,使武术训练所用的器械数量和辅助设施数量都有所增加,为武术训练活动顺利开展和武术训练质量获得根本上的改善而付诸努力。

2.制订合理的目标和计划

有关的研究成果证实,以竞技性目标为训练目标充分彰显了体育运动学校的竞技性特征,虽然具有竞技性训练目标是允许的,但是务必要妥善处理长期目标与短期目标之间的关系,严禁频繁以终极目标(获得奖牌)来督促运动员,如此会使运动员对目标产生恐惧感,也会减弱运动员达成目标后的成就感,教练员应当在兼顾训练规律和运动员综合特征的基础上制订出阶段性目标,循序渐进地达成终极目标。

具体到武术训练中,制订的武术训练计划未达到科学性要求是一项客观存在的问题,尽管为数不少的武术教练员制订的课训练计划和周训练计划达到了详细性要求和客观性要求,但制订出的月训练计划、年训练计划、多年训练计划并未达到合理性要求,同时很多武术教练员没有制定年训练计划和多年训练计划。然而,武术训练计划有必要关注武术运动员的长期发展,制定适应运动员实际情况的年训练计划与多年训练计划,通常情况下建议武术教练员和武术运动员共同努力,共同在长期训练计划的指引下逐步提升运动员的武术运动水平。

3.合理选择训练方法和负荷控制

研究表明,各类武术训练活动采用重复训练法的频率很高,采用其他训练方法的总次数较少,特别是心理训练方法。因为各项训练方法的特征存在或多或少的差异,各项训练方法作用于运动员不同能力的增强,所以说武术训练应运用多项训练方法,同时对这些训练方法进行混合运用。

作为一名武术教练员,应当在结合训练目标、运动员实际状况、训练内容的基础上选择并运用最适宜的训练方法,适当增加运用心理训练方法的次数,为武术运动员拥有健康的心理提供保障。与此同时,武术教练员调控训练负荷时要运用客观且可量化的方法,尽可能使用先进的科学仪器来控制运动负荷,避免过多运用经验法来控制训练负荷。

4.提供良好的后勤保障

提高武术运动员训练质量并不局限于在武术训练场上完成,后勤保障同样至关重要。诸多研究结果证实,当前各类武术训练活动的后勤保障在伙食方面和住宿方面都有待改善,因为武术运动员参训过程中会耗费大量能量,所以不仅要摄入适量食物来补充能力的消耗,最终加快机体恢复速度,也要通过高质量睡眠来缓解大脑疲劳,补充参训过程中消耗的精力,由此可见向武术运动员提供良好的伙食条件和住宿条件至关重要,提供良好辅助训练氛围能促使武术运动员获得更理想的成绩。除此之外,因为武术运动员出现运动损伤的情况时有发生,所以必须具备良好的医疗条件,在训练过程中有目的地强化医务监督工作,定期组织和开展培养武术教练员医务技能的活动,有效强化武术教练员促进运动员损伤恢复的能力,最大限度地减轻运动伤病给武术运动员带来的苦痛。

5.将武术理论与实践有机结合起来

(1)武术运动员应当在学习并掌握基础性的武术动作后,对基本的武术理论形成大体了解,深刻领会所有武术动作要点的内在含义,由此使自身完成的武术动作更加协调。

(2)武术教练员要采取多元化手段来不断夯实武术知识的基础,将武术要领和武术内涵熟记于心,在此基础上选择并运用最适宜的教学手段,向学生传授武术内涵和武术技巧,从根本上增强武术运动员的专业能力。

(3)各武术类的科研机构和高等院校应着重完成武术理论的建设工作,推动武术运动教学体系朝着更完善的方向发展,培养和构筑出综合实力极强的武术教练员队伍,向社会各界提供高品质的武术教育服务。

6.推动竞技武术与民间武术协同发展

在武术竞技呈现出良好发展态势的当下,中国武术训练应当密切关注并推动竞技武术和民间武术的协同发展。具体来说,在推动武术竞技向高、精、尖方向发展的同时,也要在广大群众中推广和普及武术训练,把武术训练的大众健身性特征设定为关注焦点,最大限度地发挥中国武术提高习武者身体素质的功能。根据各类人群的身体素质特征,组织和开展以健康为目的的武术训练。举例来说,针对身体素质和心理素质快速发展的青少年,应尽可能多地组织他们完成武术基本功训练和实战对练训练;针对中老年,应尽可能多地组织他们完成动作平稳且养气吐息的武术训练活动。除此之外,高校武术专业学生、民间武术团体、国际武术协会等应增进沟通,持有开放的心态正确审视武术的成长,在交流和沟通的过程中推进彼此的成长进程,共同推动中国武术训练朝着多样化方向发展。

7.实现武术效率与武术素养的齐头并进

在全球化背景下,要想使武术训练活动重效率而轻素养的问题得到妥善解决,就应当从以下两方面着手。

一方面,国家应大力宣传"武礼""武德",使中国武术蕴含的精神内涵和传统文化在发展民间武术的过程中得到大范围推广,促使广大群众更加深刻地认识和理解武术、武德、武礼,使参与武术训练的运动员的心智得以发展。

另一方面,各级各类学校作为武术人才的培育摇篮,在武术教育过程中发挥的作用至关重要,所以说要加大对学生实施"德育"教育的力度,促使越来越多的学生感受武术精神。武术运动员在武术竞赛中坚持"礼"为先,不仅能把自身现有的武术技能反映出来,也能把自身具备的武术修养显现出来,还能达到以技服人和以理服人的要求。

第三节　中国武术竞赛体系的构建

一、中国武术竞赛体系的基础理论

(一)中国武术竞赛的概念

武术竞赛是指围绕武术运动开展的运动竞赛,主要由武术套路竞赛和武术对抗比赛这两项内容组成。就中国武术而言,集鲜明的娱乐性特征、竞技性特征、观赏性特征于一身,同时这三项特征往往会在武术竞赛中反映出来。换句话说,武术竞赛为不同流派和不同拳种展现自身魅力提供了竞技场,更是中国武术发展过程中的一项可行性传播方式,所以说务必要高度重视中国武术竞赛。

（二）中国武术竞赛的分类

根据不同标准，能把武术赛事划分成很多赛事类别，具体见表7-1。

表7-1　传统武术竞赛分类

分类标准	代表性赛事
年龄	青少年武术赛、成年赛等
项目数量	综合性武术赛、单项武术赛
比赛规模	地区性武术比赛、全国武术赛、洲际武术赛、国际武术赛等
比赛性质	职业武术赛、商业武术赛、业余武术赛等

（三）中国武术竞赛的管理

1.制订科学可行的武术赛事计划

（1）在全面调查的基础上完成赛事预测工作

全面而深入地调查和分析，往往会对武术赛事的内部环境和外部环境形成或多或少的影响，在深刻理解赛事计划的基础上，根据自身人财物等情况精准地预测未来。

（2）给赛事赋予一定的计划性

合理计划赛事是武术运动竞赛组织的一项关键性任务，通过计划赛事要确保组织在产生、安排、组织、实施竞赛时达到稳妥且有序的要求，最大限度地防止比赛性质、比赛时间、比赛经费等方面出现冲突。

2.合理控制武术赛事过程

要想使武术赛事有序进行，高质量完成赛事控制工作至关重要，具体就是指加大对武术竞赛的控制力度，同时妥善处理好比赛过程中出现的具体问题。合理控制武术赛事的意义在于从根本上提高赛事管理效率，为武术赛事有序开展提供保障。

一般来说，武术赛事管理中可供使用的控制赛事的方法有很多，被广泛应用的赛事控制方法分别是计划控制、目标控制、预算控制以及定额控制,在选择和运用赛事控制方法时应结合具体情况进行有针对性的应用。

3.赛事收尾与评价工作

(1)赛事收尾工作

当武术赛事结束后,武术赛事的有关部门应妥善完成收尾工作,具体工作内容如下。

第一,竞赛财务决算,平衡账目。

第二,场馆内的拆卸和清理工作。

第三,借调的有关人员返回原单位。

第四,器材、设备的归还、转让、出售和处理。

第五,有关赛事运营管理部门的财务结算。

第六,对帮助赛事运营管理的有关部门、人员表示感谢。

第七,办理各队离赛的各种手续,确保安全、及时离赛。

第八,汇编、寄发比赛成绩册和其他技术资料。

第九,填报等级武术运动员和破纪录成绩。

第十,移交、整理有关文档资料。

第十一,比赛成绩编制和印发。

第十二,向新闻单位发布运动竞赛的有关情况。

第十三,竞赛工作总结,上报当地党政机关和上级体育部门。

(2)赛事评价工作

武术赛事评价工作的具体工作内容是:组织和管理赛事、评价赛事效果、为赛事参与者提供反馈、为即将举办的武术赛事提供大体轮廓和统计参考,等等。

二、中国武术竞赛体系的发展综述

(一)中国武术竞赛的现状分析

1.已初步形成相对完善的全国武术项目竞赛体系

我国武术竞赛是以全运会为最高层次,以全国武术锦标赛为龙头，套路、散打为竞赛主要内容，基本按省（市）行政区划分为参赛单位的竞赛结构形式。全国武术项目竞赛形式，如图 7-1 所示。

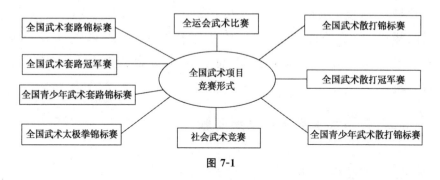

图 7-1

2.已初步形成国家办赛和社会办赛相结合的格局

我国武术项目竞赛实行竞赛招标制度，改变了过去计划经济条件下竞赛完全靠计划管理和行政手段的办法。我国每年举行一次竞赛招标会，把国家办竞赛与社会办竞赛有机结合在一起。

比赛承办单位除省体育局、市体委、体育学院及政府机构外，还包括公司企业等，一般由公司企业作为协办单位提供赞助比赛经费。这样就把竞赛任务与承办者的积极性结合起来，依托社会多种渠道筹集竞赛资金，改变了完全由国家投入办比赛的模式，基本形成国家与社会办相结合的格局。

3.武术竞赛已取得相对可观的综合效益

中国武术竞赛的效益主要源自三个方面：首先是以武术竞赛推动武术事业的发展进程；其次是以武术竞赛彰显民族精神，增强广大群众的爱国主义精神，使广大群众的文化娱乐活动更加多样化，在全民健身活动的发展历程中注入源源不断的动力；最后是通过举办比赛来增加经济效益。从整体来说，社会效益、竞赛效益、经济效益是武术竞赛整体效益的三个组成部分，集中反映了武术竞赛的多样性特征。

4.加大赛风管理力度,赛风有所好转

武术管理中心制定了《关于端正武术赛风的规定》,加大了赛风管理的力度,从竞赛工作人员、裁判员、运动队三支队伍入手,狠抓赛风,严肃处理违纪人员,维护了比赛的严肃性,初步建立起了公平、公开、公正的运行机制,促使武术竞赛管理的工作逐步走向正轨。

(二)中国武术竞赛的发展问题

1.竞赛经费短缺

截至当前,开发武术竞赛市场的还远远不足,虽然我国在武术竞赛方面的投入呈现出持续增长的趋势,但和实际需求还有很大差距,而武术竞赛经费短缺的问题已经在严重限制着武术竞赛的可持续发展。

2.武术竞赛功能未获得充分发挥

综合分析不难发现,全国高水平武术运动竞赛的很多项目存在观赏价值不足、创造价值不足、宣传力度不足、收视率偏低的问题,同时武术竞赛的功能存在明显的单一化问题,竞技武术和社会武术竞赛在很多方面都没有充分结合在一起,这在很大程度上限制了武术竞赛的发展。

3.竞赛招标的内涵与外延有待充实和完善

1999年,全国武术项目竞赛正式开始运用向社会公开招标的方式,但招标过程中有很多问题有待妥善解决。例如,招标方式单一化、忽略中介机构的作用、研究武术竞赛市场的力度不足、社会各界人士都参与其中的难度大、未就主办者和中介机构以及承办者之间的利益制定相应的法律规范,竞赛招标的研究力度和规范力度有待增加。

4.管理体制中的不协调因素有待消除

分析我国竞技体育管理体制会发现,从本质上说是以行政区划分为单位直到中央一级的垂直行政管理,尽管这种管理体制具备举国体制的优势,但这种管理体制在适应市场经济条件下的竞技体育竞赛改革需求的过程中有诸多困难需要克服。与此同时,截至当前国家体育总局与各省、市体委上下体制改革未达到同步状态,彼此间的关系未能梳理顺畅,有很多不协调因素急需消除,自我调节机制和自我调节活动都处于缺失状态。

(三)中国武术竞赛的发展对策

1.深化竞赛体制改革,建立现代化竞赛制度

竞赛体制改革是一个集动态性特征和长期性特征于一体的过程,必须在改革过程中不断探索、不断优化。竞赛体制改革的目的是推动竞赛体制朝着社会化、规范化、产业化的方向发展,推动体育竞赛建立在社会各界人士大力支持的基础上,根本性的目的之一是将竞赛的多重功能发挥得淋漓尽致,更好地服务于经济发展与社会进步。

在全球化背景下,我国武术竞赛体制改革则要达到以下几项要求:第一,竞赛管理体制由适应计划经济向集约化、专业化、系统化管理转变;第二,运动竞赛管理权限由国家办与社会办相结合转变;第三,竞赛管理方式由单纯依靠行政手段管理向以运用政策法规和经济手段管理转变;第四,运动项目管理格局由政事不分、管办合一向政事分开、管办分离转变。

在全球化背景下,我国武术竞赛体制改革需要理顺的几个关系是:第一,国家体育总局竞赛管理部门与项目管理中心的关系;第二,国家体育总局竞赛管理部门与省市体委的关系;第三,管理中心与省市体委的关系。

在全球化背景下,需要规范管理社会企事业单位参与比赛招

标环节和承办比赛环节。国家通过制定相关的法规和政策实施宏观层面的调控,以此达到领导有核心、组织结构有层次、项目发展有依托三项要求,逐步形成国家与社会办相结合、集中与分散相结合的武术竞赛管理体系,同时在密切联系我国实际国情的基础上,逐步构建出权责分明、科学管理、依法治赛、市场与计划相结合的武术竞赛管理制度。

2.将武术竞赛的功能和整体效益发挥至最大化

竞技体育是一项独特的社会文化现象,不仅能把中华民族的民族精神充分彰显出来,还能使国民的爱国主义精神得到增强、文化娱乐活动朝着多样化方向发展、社会体育以更快的速度向前发展、百姓的生活品质得到显著改善。截至当前,越来越多的人认识到武术竞赛的多种功能以及综合效益。要想推动武术竞赛的发展进程,建议以赛制形式、赛制规模、武术项目周期为着手点,科学运用"三结合形式",具体就是通过竞赛与经贸活动、社会文化活动、全民健身活动相结合来深入挖掘和发挥武术竞赛的社会功能,同时使竞赛产业在经济、娱乐、健身等方面的功能得到最充分地发展,保证对武术竞赛的本质和多重社会功能形成全方位认识,促使武术竞赛的竞赛水平和竞赛质量有所改善,加快推进武术竞赛结构优化进程,对中国武术的平稳发展产生指导性作用。最大限度地挖掘和发挥武术竞赛的功能是推动其实现长久发展的基础性条件。

3.开拓武术竞赛市场,丰富武术竞赛形式

培育和发展武术竞赛市场是推动武术竞赛不断向前发展必须贯彻落实的战略,相关部门和人员应当在遵循市场规律的基础上设法使武术竞赛形式更加丰富、筹集武术资金的渠道更加多样,面向市场和依托社会是武术竞赛呈现出蓬勃发展态势的重要条件,是置身于市场经济条件下的武术竞赛拥有可持续发展动力的基础。

开发武术竞赛市场的要点是：首先，增加武术竞赛的形式，提高武术竞赛的观赏价值；其次，采用商业化模式包装武术竞赛；再次，设法使武术竞赛市场更加立体、更加多元化；然后，建立和完善武术竞赛法规，推动武术竞赛市场朝着规范化方向发展，确保武术竞赛达到公平性和公正性这两项要求；最后，设法使武术竞赛产业经营在国家投入、社会资源配置、武术竞赛产业经营三个方面获得更多资金来源。

4. 建立武术竞赛规范化体系，提高武术竞赛科学管理水平

在体育竞赛组织管理快速向现代化方向发展的过程中，在越来越多的高水平竞赛中能发现现代化管理和系统科学理论的应用以及网络计划技术。具体到武术竞赛，建议运用网络图与流程图相结合的手段提高竞赛程序的规范化程度。通过在编排竞赛、裁判评分、成绩处理等多个方面多下功夫，来逐步构建出武术竞赛系统运行的整合机制。

5. 发挥竞赛的杠杆作用，使竞技武术和社会武术实现同步发展

从本质上来说，竞赛对于运动项目的发展发挥着杠杆作用，实现竞赛杠杆作用的最大化能使多方力量充分发挥出来，也能使运动项目健康而平稳地发展。

具体到武术竞赛，其不但是武术运动持续发展必须深深扎根的土壤，而且是检验武术运动竞技水平的重要标准。除全国武术锦标赛以外，社会武术竞赛同样应基于武术发展的实际需求以及社会对武术运动提出的要求，举办形式多样的武术竞赛活动，由此使社会武术竞赛活动和竞技武术竞赛活动逐步实现同步发展。从本质上来说，竞技武术和社会武术是同一事物的两个方面，社会武术在逐步提高的过程中，竞技武术也在更大范围内普及，尽管两者在特征、内容、形式、方法四个方面存在差异，但两者始终存在彼此推动、彼此限制、彼此转化的关系。要想实现武术事业协调发展的目标，就必须保证竞技武术和社会武术达到协调发展

的要求。

综上所述，中国武术竞赛改革已经步入崭新的阶段，在竞赛体制、组织结构、运行机制等方面均有了显著的发展进展，但也有很多问题需要尽快解决。为此我们要牢牢抓住武术竞赛的时代发展机遇，在改革和发展武术竞赛的过程中大胆创新，为武术竞赛体系持续发展和完善付出努力。

第八章　全球化背景下不同地域武术的可持续发展研究

在全球化背景下,要想推动中国武术的可持续发展进程,就必须推动不同地域武术的可持续发展进程,如此才能增强中国武术的可持续发展动力。因此,本章对地域武术成因、全球化背景下地域武术发展现状、全球化背景下地域武术文化价值开发、全球化背景下地域武术可持续发展模式的构建进行深入而全面地研究,为置身于全球化背景下地域武术的可持续发展进程注入发展动力。

第一节　地域武术成因分析

一、地理环境对武术的影响

不同地理环境对人类文化创造活动有深远影响,这种影响在科学技术和生产力都处于欠发达状态的古代体现得更加显著。因为人类生存和发展不得不依托特定地域环境,所以置身于不同自然环境中的人们往往会选择最适宜的生活方式,而生活方式的不同会使人们创造的文化呈现出独特特征。具体到中国武术,地理环境同样在武术流派形成和发展过程中发挥着基础性作用,地理环境作为中国武术的发展空间,一方面是中国武术得以存在的"容器",另一方面是中国武术得以发展必须依托的"环境"。中国武术要想持续发展,就必须和充当其发展空间的地理环境进行不间断地物质交换和能量交换,如此才能迸发出旺盛的生命力。对于所有民族的文化而言，都是长期在特定地理环境中发展而成的。

尽管地理环境对武术流派的形成过程并未产生决定性影响，但其影响是相当深远的。任何自然地理要素对中国武术发挥的作用都并非孤立存在，反之是彼此联系、共同影响的关系，具备显著的统一性特征。我国幅员辽阔，地理要素集复杂性特征和多样性特征于一身。就宏观地理环境来说，中国武术作为一项民族传统体育项目蕴含着浓郁的中国特色；就我国各区域地理环境的多样性来看，中国武术呈现出了多种地域特色。

二、经济因素对武术的影响

（一）武术与经济的关系

1.武术具有增加经济收入的直接作用

一方面，在武术不断朝着国际化方向发展的过程中，我国组织和开展的大规模武术比赛和国际邀请赛不断增加，使得很多国内外武术爱好者亲临现场观看，这无疑会增加比赛收入。此外国家出售电视转播权、收纳广告费、收取门票也能获得不少的经济收入。

另一方面，随着中国武术开展范围的拓展，私立性质或者公立性质的武术馆（社）及院校相继出现在我国各个地区，这不仅能拓展武术传播范围、加快武术传播速度，也能增加武术产生的经济效益。

2.武术具有促进经济发展的间接作用

武术在经济发展方面产生的间接作用具体表现为：一方面，我国各地开展的大规模武术活动能吸引很多经商者和游客前来参与；另一方面，解放军、武警部队以及公安部门可以把具备技击性特征的中国武术作为强有力武器，应用于打击敌人和刑事犯罪分子、捍卫祖国领土完整、保障人民生命财产安全、保障国家经济安全的过程中。

(二)经济因素影响武术的表现

在我国漫长的发展过程中,因为深受"重本抑末""以农立国"思想的影响,所以逐步形成了"日出而作,日落而息"的生产生活方式,对土地的依赖程度十分严重,在土地对人们的长期束缚下逐步形成地缘性的局限和小农意识。

分析我国历史史实会发现,中国社会主要是以黄河流域的农业为基础发展起来的,与古希腊社会以海上贸易和海上交通为发展基础存在着很大不同,所以说中国社会也被称之为"土地社会",土地和农业生产是中华儿女生存和发展的根本与基础。在这种社会背景下,习武者往往采取闭门探讨的方式更新和完善制敌方式,因而就出现了由不同区域的不同个体创造出的武术流派,各个武术流派的独特性特征也越来越鲜明。

三、体形与民俗因素对武术的影响

在古代,绝大多数习武者的观念都相对保守,仅在本民族内部挑选被传授者,中国武术在很长时间内都局限于狭小的圈子里传授,同时逐步形成了相对固定的传统形式,此外在很多方面都展现出南北地域文化的不同,在使得各个武术拳种在技术风格和审美情趣两个方面有诸多不同。

由于北方人身高体壮、伟岸多力、性格憨厚,因而拳路在长期发展过程中呈现出了大开大阖、劲力迅猛的特征,把北方人臂长腿长的优势发挥得淋漓尽致,此外北方人结合自身身体重心高的特征将腿击的作用发挥得淋漓尽致。北方拳种的技术风格和审美情趣都具备显著的独特性特征,在少林拳、查拳、华拳、八卦掌等北方拳种中都有所体现。

由于南方人四肢相对较短,所以习武者侧重于使用贴身靠打和出短拳,目的是把自身的速度优势发挥得淋漓尽致。在南方独特民风的影响下,逐步形成了以南拳、南刀、南棍等"拳打卧牛之地"为特点的南方拳派。南方拳派的显著特征是动作空间小、侧重于击打对方的头、颈、胸、腰、上肢等部位。从整体来说,南拳拳系的发展中心是福建省和广东省,随后逐步流传至长江以南的其他地区,其总体风格是威猛迅疾、灵巧绵密、刚柔相济、上肢和手型变化多样、步法稳固、手法灵活。

第二节　全球化背景下地域武术发展现状分析

自热兵器时代到来以后,西方体育思潮对地域武术的影响越来越大,在地域武术形成和发展过程中发挥重要作用的文化机体受到外来文化的严重侵袭,地域武术的生态文化土壤发生了翻天覆地的变化。就近些年的发展概况来说,我国竞技武术呈现出了良好的发展态势,但外来武技呈现出挤压程度不断加剧的态势,这使得发展历史源远流长的地域武术发展速度不断减缓,同时陷入进退两难的境地中。就当今社会的人来说,为数不少的人对地域武术的认识仅停留在表面,这造成地域武术仅能在少数武术爱好者群体中传承,地域武术的发展前景充满迷茫。

地域武术的发展概况是:不仅要传承本土的习俗传统,也要面向未来;不仅要具备"现代改革"的意识,也要深入挖掘和发挥民族情感的依托作用;不仅要处理好焦虑情绪,也要面对理想冲突和精神层面的迷茫。基于此,要在正确认识地域武术的基础上,对影响地域武术发展的自然环境和人文环境提供政策层面的支持和保护,对传承和保护地域武术的各方面工作提供支持,使得地域武术的"本真性""活态性""人本性"得以保留,使得传统武术的历史信息和多重价值代代传承下去。总体来看,置身于全球化背景下的中国武术呈现出的发展现状如下。

一、未深入认识地域武术文化

从根本上来说,中国武术就是凭借个体动作行为被人们感知的活态的身体文化遗产,其不但是特定区域内的人们代代传承的结果,而且是特定区域内生活环境、人文环境、民风民俗、百姓心理特征等多种文化表现形式之和。地域武术是我国传统文化中的一颗璀璨明珠,渗透着诸子百家的理论思想精华,在民族武术日益多样化的发展历程中发挥了显著作用,如少林功夫和武当武术等都充分彰显了当地民族的文化个性特征,更是中华民族和谐文化特色的集中反映。

但当前的现实状况是,很多地区的地域武术未获得有关部门的关注和支持,尽管很多学校已经把地域武术教育渗透到学校的民族文化教育中,但是地域武术在文体活动中开展的次数相当有限,教育部门在地域武术发展过程中产生的作用也有待增强,由此产生的结果是很多学生难以切身感受地域武术的独特魅力,对地域武术的陌生感有增无减。针对这些情况,学校应当积极开展地域武术教育活动,促使学生切身体会到地域武术的文化内涵,政府部门应当采取强制性措施增强学生对民族文化的识别能力,保证民族精神教育获得预期成效。与此同时,适度增加武术内容在体育课中所占的比例,有效避免我国各级各类学校的武术教学内容出现统一化问题,原因在于如此会对武术文化的传承产生负面影响,同时难以有效激发学生参与武术学习的主观能动性,开发本土武术资源的环节也会受到影响。

发展至今,地域武术已经演变成"濒危非物质文化遗产",但很多人提出了武术可以创造的观点,他们认为如同武术套路变换不同动作进而成为新型套路一样,通过造拳同样能打造文化。但产品可以打造是毋庸置疑的,作为非物质文化遗产的地域武术是不能打造的,原因在于地域武术是世代习武者精神积累的结果,是人类精神的结晶。伪文化必然会面临灭亡的命运,脱离农耕文化背景进行现代化的"造拳"必然会使地域武术走向灭亡,也会使不同的拳种流派逐渐退出历史舞台,甚至会使包括地域武术在内的中国武术丧失生存和发展的基石。

二、地域武术发展空间不断缩小

在文化全球化趋势日益显著的情况下,各个国家越来越重视文化融合,并且致力于做到和而不同。具体来说,和而不同是指以认可世界文化复杂性和多样性为基础构建出的哲学理论,实现和谐统一的前提条件是认可和肯定不同。从某种程度来说,文化全球化给世界范围内的所有民族文化都带来了或多或少的挑战,具体表现为强势文化持续渗透于弱势文化中,在这种背景下地域武术文化受到西方体育文化的冲击有增无减,地域武术文化的当务之急是怎样实现自身文化和全球文化发展的和谐统一,在融入世界文化的过程中如何达到"和而不同"的要求。纵观中国武术的发展历程会发现,以往有很多人都将武术定位成重要的健身方式,很多拳种习练活动充当着农村人强身健体的方式方法。但综合分析当前的现状会发现,很多集刺激性和娱乐性于一身的竞技体育和休闲体育借着文化全球化发展的东风,积极适应和满足现代人的生理需求和心理需求,这使得很多国人越来越愿意紧贴时代发展节奏的西方文化,在这种社会背景下形成的竞技武术对我国各个地区人民的生活产生了越来越大的冲击。发展至 20 世纪末期,中国竞技武术体系持续调整和优化,国家武术管理部门、各体育院系以及基层武校都将工作重点设定为发展和完善竞技武术,忽视了地域武术的发展和传承。在外来体育文化和中国竞技武术的双重夹击下,地域武术的发展空间呈现出日渐缩小的趋势。我国各地域武术爱好者都表达出了强烈的愿望,即希望地方政府能结合时代发展需求制定出切实可行的文化政策,有效拓宽地域武术的生存领域和发展空间。

三、经济大潮对地域武术产生冲击

自我国实施改革开放政策以来,在市场经济猛烈冲击下,广大国民的价值观念与生活方式发生了翻天覆地的变化,人们的市场经济意识得到了前所未有的强化,很多青少年为满足生存发展需求选择了外出打工,很多地方性拳场因为拳民数量不断减少而逐渐没落。为数不少的拳师在生活压力增加、社会支持力度有限的情况下,放弃教武职业而选择另谋生路,很多地域武术文化在老拳师谢世和青年拳师改行的情况下慢慢消失。分布在我国各个地区的务工青年因居无定所、劳动强度大、生活水平低下,即便产生习练武术的想法,也不得不正视具备练武基本条件的现实状况。除此之外,在应试教育体制的影响下,小学生的学习压力不断增加,特别是对于农村孩子来说升学是他们出人头地的一条重要途径,而大学生在就业形势日益严峻的形势下必须分配更多时间和精力在学习上,所以练拳的人数持续减少。但值得注意的是,地域武术属于无形文化,传承和发展地域武术的过程中应当把人当成载体,坚持进行动态的、活的传承,只有这样才能避免武术拳种失传的情况发生。

四、传承地域武术的过程中危机重重

地域武术是中国武术文化中无法替代的一颗璀璨明珠,但近些年来地域武术的发展境况却不容乐观,这个问题值得所有中华儿女深思。在经济全球化速度持续加快的背景下,形成于农耕时代且具备传统特色的地域武术在发展过程中遇到越来越多的阻碍和威胁。在从农耕文明朝工业文明转变的历史阶段,越来越多的人对外来事物充满好奇,对地域文化的独特魅力、历史传承、历史记忆逐渐抛之脑后。冯骥才曾经指出,我国非物质文化遗产和文化的多样性都扎根于农村地区,包括地域武术在内的非物质文化遗产是中华民族的精神财富以及民族历史和精神情感之根。由此不难得出,保护地域武术应当把农村地区设定为重点,通过全方位调查找到地域武术的传承人,为地域武术得以代代传承创造条件。经济时代的到来使得广大群众的思想观念都发生了或多或少的变化,在政策制度力度和资金支持力度都不足的情况下,很多拳师为更好地生存和发展不再充当地域武术的传承者,而是为生计四处奔走,地域武术的传承纽带越来越脆弱,倘若出现传承人严重短缺的情况就会相继出现传承链断裂甚至武术流派消失的情况。传承和发展地域武术并非短时间即可获得预期效果,集非物质性和无形性于一身的地域武术文化必须分配足够长的时间来传承和发展,才能为其整体传承提供保障。

我国各个地区陆续开展的武术节是地域武术在崭新时代背景下主动融入时代的集中反映,彰显了这些地区人民对地域武术的认可和支持,但地域武术截至当前依旧没能把地域武术文化的精华彰显出来,也未能出现充分适应新时代发展特征的地域武术发展形势。地域武术的独特魅力在影视作品和武侠小说中反映得更加显著,由于地域武术功法体系具有复杂性特征,习武者往往需要投入足够多的时间和精力,此外地域武术最本质的技击功能正在持续弱化,这些因素都使得其需要在发展过程中克服种种困难。

五、地域武术呈现出的当代特征综述

地域武术要想实现可持续发展目标,应当积极摆脱"非物质文化遗产"保护的模式,自觉呈现出动态的可持续发展模式。地域武术本质上属于中国武术在形成和发展的母体与动力,其蕴含的多重地域武术文化内涵是中国武术持续发展的重要动力。通常情况下,各种运动方式均可以达到相应的健身效果,自地域武术和冷兵器时代越走越远以来,地域武术的格斗价值持续弱化,其为了更好地适应时代发展节奏和广大群众的多元化需求将健身价值提上议程,地域武术要想实现健康发展首先需要完成的任务是设法使自身在世界体坛中占据一席之地。地域武术不只是诸多健身运动项目中的一项,更是我国传统文化长期积淀后的结果,地域武术的文化特征是它与其他运动项目之间的本质差异。在全球化背景下和我国快速发展的时代背景下,地域武术要想发展成社会主义精神文明建设和发展的重要组成部分,就必须坚持贯彻和落实可持续发展观念,将时代精神内容渗透在自身的方方面面。

要在坚持科学发展观的基础上开辟武术文化新视角,将包括民族学在内的多学科知识应用于地域武术的发展过程中,从根本上改善地域武术的发展成效。与此同时,要深刻认识到现代化传播媒介对地域武术传承和发展的传播作用。除此之外,积极开展多样化的地域武术文化活动,在最大限度地发挥各地区地理资源优势的基础上大力振兴和扶持旅游产业,挖掘和发挥旅游对地域武术的带动作用,保证游客在游山玩水的过程中切实感受到我国不同地区的风土人情与文化内涵,由此进一步夯实地域武术可持续发展的人文基础。从某种程度来说,地域武术不单单是某个地区的文化资源,更是当地的明信片。地域武术作为诸多历史信息与文化信息的一种再现形式,需要当代人科学运用适宜的科学技术对武术精华进行实录,或者组织和举办武术节以及大规模的武术赛事,通过这些方式向不同社会领域的人们展现地域武术的精华和魅力,从而达到对地域武术进行良性表达的目的。

第三节　全球化背景下地域武术文化价值开发

一、文化全球化

近些年来,全球化问题得到越来越多人的重视和探讨,其中探讨人数最多的问题是经济全球化问题。在时代发展速度持续加快、文化呈现出西风东进和东风西渐的情况下,文化全球化问题也受到了广泛关注。我国五千年文明史创造出了璀璨的本土文化形态,其中的武术文化凭借别具特色的内容和特点逐步发展成为我国民族文化的一个代表。对于当今的武术专业人士而言,当前需要迫切解决的问题是如何在全球化背景下高质量完成武术文化建设,如何促使中国武术文化在全球化文化大平台上迸发出巨大的发展动力。

（一）文化全球化是历史的必然

龚群指出，全球化是指世界不同民族国家和不同类型的文明体系在生产生活方式以及价值观念两大方面呈现出的趋同性。李翔鸿则指出，全球化是根据以西方文化为代表的人类现代文化的相关要求，加快我国文化价值系统朝现代化方向发展的速度。李宗桂指出，文化全球化是指在经济全球化影响下，全球化范围内的各民族文化依托信息全球化，在紧张而频繁的交往的基础上通过学习和影响彼此，来达到更新和发展自身的目的的文化整合过程。纵观全世界会发现，世界各国的发明和创造已经推广至世界多个国家，地球人的距离呈现出不断缩小的趋势，当前处于加速状态的经济一体化正在把全球经济活动连接成一个整体。

（二）文化全球化对中国武术文化的影响

对于部分国家或地区来说，全球化使得本土文化发生中断，集中反映了西方强势文明朝世界各个地区持续扩展的发展走向。全球化发展是一把双刃剑，在向人们提供多项时代发展优势和良好体验的同时，也使得传统文化和民族文化相继出现很多发展危机。

具体到中国武术，本质上属于一种和民族历史共存的本土文化，同时具备着毋庸置疑的金戈铁马效应，中国武术创造出的历史辉煌和衍生出的民族优势值得每位中华儿女为之骄傲。纵观我国历朝历代皇帝的开国建基历程会发现，中国武术文化作为一种民族文化先后产生了巨大效应，同时中国武术作为民族文化的灵魂见证了中华民族发展和变迁的历史，其中蕴藏着很多本土文化的精髓。从整体来说，中国武术作为特定社会行为和传统文化的表现形式，在漫长的发展过程中汲取了中华民族的传统价值观念等诸多民族文化，所以说中国武术文化在形成和发展过程中深深扎根于多民族同域的土壤中，长期受着中华文明的影响和渗透,蕴藏着诸子百家的文化精髓,充分彰显出了深厚的文化积淀、别具特色的运动风格、庞大的内容体系、纷繁复杂的功能结构。从某种程度来说,中国武术的技击性特征是其文化形态得以形成和演变的基石,中国武术的多重功能彰显了其民族文化形态的独特性,中国武术是世代中华儿女以自身独特的方式方法创造出的独特财富。

但不得不说的是,虽然中国武术文化先后经历了无数次风雨动荡,然而当今社会的科技成果与时代优势使其原本的生存境遇发生了翻天覆地的变化。中国武术生存境遇发生的具体变化是:首先,中国武术生存和发展所依托的社会结构出现了巨大变化;其次,中国武术基本价值趋向对广大群众日常生活产生的作用不同以往;最后,中国武术已经没有以往严格意义上的传人。由此不难得出,中国武术文化当前已经深深陷在发展困境中,尽管并未达到朝不虑夕的程度,但形式逐步淡化和内容逐渐浅微的发展走向需要我们每个人深思和重视。中国武术当前呈现出的发展状况,不仅仅是受文化全球化背景下西方文化强势推行的结果,同时是我国国民近些年来在思想层面和行为层面的文化自戕。举例来说,很多人强烈呼吁中国武术应当披上西式外衣、采取全盘西化的发展模式、自觉踏上"现代体育之路",这种崇洋媚外且形而上学的观点无疑不会给中国武术文化的可持续发展带来积极作用,西化变异的最终结果是中国武术难以在今后的中华民族文化宝库和世界体坛中占据一席之地。包括中国武术文化在内的诸多民族文化都无法回避历史发展趋势和时代发展潮流,但能做的是接受文化全球化的过程中,结合当前发展概况综合分析和探索中国武术文化的发展道路,运用合理有效的对策保留和维护中国武术文化的民族性特征。

(三)文化全球化背景下发展中华民族文化的策略

对于所有国家和民族群体来说,要想实现可持续发展目标就必须拥有不同类型的资源。具体来说,不仅要拥有经济资本,也要在发展社会资本上多下功夫；不仅要具备科学与科技的能力，也要在文化能力的发展过程中多下功夫；不仅要具备物质条件，也要加大对精神价值的发展力度。即便立足于实用的视角来分析，倘若社会资本积累有限、文化能力有待强化、伦理未获得淋漓尽致地展现，则精神价值也会逐渐消失，即便经济建设在短时间内获得了诸多发展成果，但发展前景依旧令人担忧。综合分析不难发现，世界各国在精神文化力量上剧烈变化和日渐激烈的竞争，已经演变成国际政治斗争的一种常见形式。

置身于这种国际文化背景下，在不得不正视和接受全球化发展状况与西方文化发展的"示范效应"的情况下，我们每个人都必须保持冷静。面对"文化殖民主义"，和中华民族传统体育文化相关的部门和人员应当尽快制定出切实可行的全球化文化发展战略和详尽有效的对策，具体内容分别是怎样妥善处理好开发、控制、利用中国民族文化这三个环节的关系，如何实施文化的"渗透""反渗透""入侵""反入侵"，如何使我国民族文化和传统得以保留并持续发展，有效避免我国民族文化被侵蚀或者朝着殖民化方向发展，如何确保中国民族文化稳步发展的同时不影响和其他国家文化的交流和沟通，如何提高中国民族文化在全球范围内的知名度和影响力，如何使得置身于全球化背景下的中国民族文化列入国家文化安全的诸多内容中。

就现阶段来说，中国民族文化发展策略呈现出的"防御性文化"特征尤为显著，在很多情况下都会做出将"战火"烧进自家大院的行为，同时时不时会和尖锐的生存以及救亡图存发生关联。与此同时，文化重点往往倾向于保护与传承优秀民族文化遗产，想方设法借此来逐步加固国家文化防护的"堤坝"。从全局来看，虽然这种行为方法至关重要，但只做这些方面的努力是远远不够的。

实现中华民族繁荣富强，只是立足于理论层面挖掘和剖析西方文化的缺陷是远远不够的，同时只是对自身思想和行为保持"警惕"的态度也是远远不够的，如此只会使"没落的、腐朽的"帝国主义在灭亡的道路上越走越远,这也是近些年诸多历史史实证明过的。要想使中华民族发展成和西方平等的民族,不只是要增强我国的经济实力和军事力量,也要通过多种途径使中华文化更加张扬,要坚定不移地扛起中华民族利益的旗帜,采用循序渐进的方式培育中华民族文化感情。虽然"拿来"的精神气魄相当关键,但"拿出"也值得引起高度重视。单方面被动防守并非是万全之策,从某种程度来说进攻就是最好的防守。因此,置身于全球化背景下的中国民族文化应当逐步构建和优化自身"输出"和"输入"机制与策略,同时也要制定并落实中华民族文化发展过程中不可或缺的安全战略。纵观我国民族文化的发展历程会发现,中华民族文化顺利"输出"与"交流"的案例数不胜数,曾经中国民族文化冲破本国国土的屏障,在很多国家大范围流传。发展至今,东亚文化依然是中国民族文化内核和东亚地区各个国家实际国情有机结合后的结果。

二、文化全球化下地域武术文化价值的开发

(一)文化全球化下武术文化价值体系的转换

就武术文化来说,既然全球化发展走向是必须正视的发展潮流,我们就应当在接受全球文化的同时,积极传承和发扬武术文化具备的多重价值优势,大力推广和普及对全球文化存在普遍价值的内容。不以经济发展为基石的文化无异于空中楼阁,不具备深厚文化底蕴的经济无异于短时经济,经济和文化彼此依存且协同发展才称得上是两者可持续发展的正确道路。发展至今,人类社会已经真正进入科技迅猛发展、经济总量逐年翻番、以经济全球化为显著标志的新经济时代。妥善处理好武术和经济之间的关系,有助于两者产生彼此推动、相得益彰的良好成效,这对广大群众生活品质的提升有深远影响。倘若人类不得不正视的问题存在显著的综合性特征,就意味着其解法远远超出了国家范围和自然科学的能力范围,而是和当代经济增长的目标和手段存在关

联,基于这种情况务必要在综合运用自然科学知识、技术科学知识以及人文科学知识的基础上深入研究、妥善处理。以张信刚先生提出的"C＋＋工程"为例,其本质上属于对传统文化发展制定的理性规划,同时猛烈抨击了彻底西化中国武术文化、中国武术要尽快踏上现代体育之路的观点。对于形而上的认定全球化和现代化、立足于不同视角歌颂现代体育与西方体育文化的人来说,他们常常会批评对武术文化传统性持认同态度的人,认为这些人已经被快速发展的时代所抛弃、不具备与时俱进的长远眼光和开阔胸襟。但对武术文化传统性持认同态度的人则认为前者是彻底西化,同时已经不具备民族之根。分析争论双方会发现,两者都把自身追求界定为最高价值,所以无法讲到一起也实属正常。

因此,我们应当站在全新的视角再选择一次价值尺度,坚定不移地将人和人构成的社会、民族、国家设定为更高的标准,将其他价值观念和生产生活方式等界定为手段或次一级的价值,所有和实际利益相符且能推动文化发展进程和社会发展进程的均可加以运用。就武术文化价值体系的转换来说,大体上说就是由古代文化本位化价值取向过渡到近代的文化绝对价值取向,同时由现代的文化盲目化价值取向转换到 21 世纪的武术文化融合化价值取向,从某种程度上来说这是我国传统武术走出国门的价值转换,中国传统武术实现这种价值转换也就意味着实现了民族性和世界性的统一。中国传统武术在古代形成期价值取向只局限于文化本位化,作为一种历史文化在中国古代社会来实现自身的价值,在近代嬗变期,虽然已经改变了武术文化本位化的价值取向,但出现了时代变迁下武术文化异化发展的价值取向。中国传统武术文化在诸多现实条件长期打磨中致力于实现自身价值,在现代转化期则出现武术文化盲目化的价值取向,中国武术文化在西方体育文化和艺术文化的双重影响下变得迷茫而混乱,由此造成自很早开始就蛰伏于本土文明中的中国武术文化体系充满了发展的不确定性。在西方文化大量涌入的情况下,武术内涵的博大精深、武术精神的超常性、武术文化体系的独特性特点都被逐步分解成与以往不同的质体，但其原本蕴含的特质和本性已经消失不见。要想在全球化背景下探寻出中国武术文化的价值定位，就必须站在世界的高度积极正视民族文化和武术文化达成文化融合化的价值转化目标，只有这样才能把中国武术文化视野从我国转移到全世界的一项可行性选择。

在新时代下，世界文化格局并非是西方文化和东方文化中的任何一个一统天下，而是从整体上呈现出了中西方文化交汇融合的发展概况，所有民族文化只有充分融入才能避免被历史抛弃的命运，中国武术文化同样如此。置身于全球化背景下，中华民族应当加大对武术文化融合力的培育力度且高质量完成转换价值体系的相关工作，而需要完成的首要任务则是立足于民族根基、深层次挖掘武术文化的本土底蕴、正确建立武术文化的民族价值观念、树立积极向上的民族文化形象，树立良好文化形象有益于中国武术文化走出国门、促使世界各国人民逐步认可和接受中国武术文化，这也恰恰是中国武术文化在文化全球化背景下积极融入世界文化的价值取向。

(二)文化全球化下地域武术文化价值开发策略

1.武术蕴涵中国古代的经典辩证哲学思想

在拳术中，人们一直运用"阴""阳"矛盾论来解释拳理，是对辩证法的运用，同时又是对辩证法的丰富。武术讲求"天人合一"，体现了中华文化尊重事实、尊重科学的精神。拳理中有对手与自我的阴阳关系，有快慢的阴阳关系，有刚柔的阴阳关系，同时也有自身内外的阴阳关系，这是对事物客观的、科学的认识。武术在与儒教、佛教、道教结合的发展过程中，又不同程度地吸收了它们的东西，在漫长的发展过程中，武术也不同程度地和戏曲、杂技、书法、绘画等发生关系，也正是民族传统文化的特性，孕育了"自然体育"形式的武术。武术作为文化行为，它以技击为载体，完成的是习武者在技术、人格、世界观上的综合发展。对于武术水平达到至高境界的习武者来说,并非只是创造和融汇对抗敌人的制造者和汇集者,在个人魅力和自我修养上同样会使人产生敬畏感,拥有"不战而屈人之兵"的威力。习武者在习练武术时更加深刻而全面地认识世间万物,逐步形成把握矛盾和取舍利义的价值观,完成简单直接的攻击动作练习或者彰显美轮美奂的动作都属于在生活中产生的感受和体会,也属于剖析、掌握、运用哲理后的产物。分析武术和书法、绘画、舞蹈等的结合不难发现,结合过程充分反映了中国武术的包容性特征,中国武术文化作为中国文化宝库中的璀璨明珠,在时间长期打磨的过程中汲取并蕴含了中华文化的精华,发扬武术文化也意味着付出更多努力来发展中华文化。

2.弘扬武德,振兴民族精神

在中国武术的长期发展过程中,不只是形成了区别于其他运动项目的理论、技术以及功法,也形成了和中国武术存在多种关联的道德体系,即人们经常提及的"武德"。虽然中国武术有很多门派,每个武术门派都拥有区别于其他门派的独特技法和独特功法,但所有门派都将培养武德设定为习武者发展自身的基础性条件。武德在中国武术理论体系中发挥着核心性作用,详细反映为以道德规范武术行为和方法,逐步使道德观念演变成武技的准则。从整体来说,武德主要包括尊师重道、重义守信、立身正直、谦和仁爱这几项内容。

武德就是指习武的道德,主要作用是对习武者之间的关系加以调整、对习武者和社会之间行为规范的准则加以制定、借助相应的道德观念对习武者具体行为作为评价,由此促使习武者朝着更好的方向发展。从浅层来说,武德是指针对习武者提出的道德规范以及对习武者提出的相关要求;从深层来说,武德彰显了传统文化中的"以德为本",以及儒家文化中反复重申的以"仁"为核心内容的道德内涵。

从整体来说，文化界和体育界分别倡导的是"文以载道"和"武以载道"；就中国武术来说，其反复重申的武德和儒家文化中以"仁"为本、重义轻利的思想存在着多重联系。在崭新的时代背景下，集完善体系和强大感召力于一身的武德，需要做的是坚定不移地举起历史大旗，有效传承中国民族文化和中国民族精神，以更快的速度达成推动中华民族伟大复兴的目标。

3. 武术可保家卫国亦可强身健体，可玩味欣赏亦可参与竞技，技击是武术的灵魂

倘若技击不复存在，那么武术也就无从谈起。从古至今的武术界大师都反复重申发展武术的重要性和必要性，同时都指出技击是中国武术的关键性内容和灵魂，尽管当前某些人对呈现出良好发展态势的竞技武术套路运动有一些看法，但从未否定过中国武术的技击本质。从某种程度上来说，中国武术的技击性和国家需要同样很适应，"安时强身健体，危时冲锋陷阵"就是其集中反映。胆是中国武术的精髓，习武者习练武术时必须要达到的首要要求就是"胆"的要求，参与习武活动对习武者胆的磨炼是参与其他运动项目无法获得的。

中国武术漫长的发展历程充分彰显了这项运动的底蕴。中国武术的底蕴来源和中国武术的艺术性特征存在很大关联，一套好拳法不只是搏击方法，拳法中更是汇集了世代拳师的价值观念，此外在习练时的感受很耐人寻味。武术家是以特定潜在规律为依据，对技击中"自然"的动作实施"人化"，这个过程本质上就属于艺术活动，与此同时"人化"了的"自然"就是艺术。虽然李泽厚认为这一观念有些带有"农业社会和儒道思想的痕迹"，但是中华文化"诗性思想"使得这不是简单的农民性的堆砌，而是发展成为浪漫的文化活动、行为的艺术、生活的艺术。在持续传承和发展中国武术的过程中，武术界大师们结合历史需求相继推出竞技武术，同时对传统武术实施了多项改革措施，截至当前竞技武术已经在竞技体育舞台中占据一席之地。在西方竞技体育快速发展和持续侵袭的当下，竞技武术是中国武术应对这种情况的最佳

手段,推动传统武术和竞技武术互为补充能有效拓展中国武术的外延,推动中国武术更加自如地应对各项挑战。

第四节　全球化背景下地域武术可持续发展模式的构建

一、可持续发展概述

就可持续发展来说,其基础性含义就是反复重申要把当代发展和未来发展有机结合起来,要把今后发展的可能性定位成制定现阶段发展战略的基础性条件,当前的发展要为今后的发展创造有利条件,要以获得长远利益为出发点,想方设法使人口、经济、社会、资源、环境各要素形成协调统一的发展关系,有效避免为获得短期利益而忽视长期利益的情况发生。

二、地域武术文化的"可持续发展"

《论语·学而》中提到,"君子务本,本立而道生"。在发展中国武术文化的过程中不只是要在"本"上多下功夫,也有必要深入挖掘中国武术文化的"道"的精髓。由此不难得出,提出传统武术文化"可持续发展"概念,主要目的是明确指出应当长期研究中国武术文化且对中国武术文化进行科学性开发。追溯可持续概念的发展历程会发现,最早提出这个概念的是生态学家,发展至今可持续概念已经演变成综合而多维的概念,同时被应用在包括经济学和发展学在内的诸多学科中,此外可持续概念集丰富而深刻的内涵于一身。传统武术是我国现代武术可持续发展的母体、源泉、动力,同时传统武术中蕴含的多重文化内涵是中国武术源源不竭的生命力。健身功效是所有运动项目都具备的功效,只是实际健身功效会因具体运动项目的运动方式和实际效果而有或多或少的不同,但中国武术内在文化特征是区分其和其他运动项目的本质特征,也是中国武术能在世界体坛中占据一席之地的关键性原因。由此可见,传统武术文化的发展概况会对很多方面产生影响,牢固树立可持续发展理念对其健康发展至关重要。与此同时,推动传统武术文化可持续发展意味着脱离武术"文化遗产"的静态发展模式,想方设法展现出动态且可持续性的继承与发展。文化和文明存在诸多差异,文化是在世代传承过程中长期沉淀和升华的产物。置身于我国社会主义现代化建设的宏观社会背景下的传统武术文化,一定要在发展过程中有意识地渗透时代精神内容,致力于在我国社会主义精神文明建设和发展过程中发挥更大作用。

近些年来,"文化旅游"现象出现在广大群众的视野中,参与旅游度假活动的人们在游山玩水的同时,更能对当地的民风民俗和文化价值内涵形成更加全面、更加深刻的认识,盛行于 20 世纪 80 年代的"少林寺游"就是典型例证。但近些年来,地域武术文化始终徘徊在地域文化高墙以外,这必然会对传统武术文化的可持续发展产生负面影响。从本质上来说,地域文化不单单是特定地区文化资源的外在反映,更是特定地区的形象代表,所以说在持续发展传统武术文化的过程中务必要有机融入巨大的地域文化范畴中,及时发现并把握各种发展机遇。地域文化是我国传统文化的缩影,当传统武术文化演变成地域文化的系统分支后会逐步构建出供武术文化和中国传统文化相互联系的重要纽带,会逐步摆脱"无源之水、无本之木"的发展现状。

自可持续发展观点提出以来,相继获得世界各国人民的重视和探讨,同时被大范围应用于不同社会领域。地域武术是诸多民族传统体育运动中的一种,同时是诸多文化中的一种,所以立足于崭新的发展视角剖析其今后发展过程中的问题至关重要。地域武术可持续发展不单单是指要加快地域武术在现阶段的发展速度,也要在推动地域武术今后实现可持续发展目标上多下功夫,逐步使地域武术尽快踏上正确的发展轨道,由此最大限度地满足后代的多样化需求。具体目标是借助达到系统性要求的方式方法为地域武术在今后的可持续发展创造条件,在地域武术的发展过程中注入源源不断的发展动力。

三、限制地域武术可持续发展的因素

(一)政策和赛制使地域武术外部环境出现恶化

1.国家政策导向偏重于竞技武术

从整体来说,分布在我国各个地区的地域武术往往在传统武术的范畴中,而竞技武术则是以传统武术为基础且自 20 世纪 50 年代起慢慢形成和发展起来的,竞技武术的主要活动内容是套路和散打,竞技武术的活动主体是教练员和运动员,具体就是以竞赛规则为依据、以获得预期比赛成绩为根本目标的现代竞技体育项目。自新中国成立以来,在多重因素的影响下,我国在发展武术的过程中将发展重心置于竞技武术层面,同时立足于政策等方面拓展竞技武术的发展空间,有效加快了竞技武术的发展速度,这使得我国各个省市以及诸多体育院校相继成立竞技武术专业队,也使得武术被纳入全运会和亚运会的正式比赛项目。但纵观传统武术的发展状况会发现,其大体上处于自行发展状态,同时陷入发展困境已经有很长时间,特别是在近几年武术申奥进程持续推进的情况下,相关部门和人员将发展传统武术置于越来越次要的位置,这无疑也会对地域武术的持续发展产生负面影响。

2.缺乏竞赛激励机制

地域武术在体育范畴内,倘若某个体育项目没有构建完善的比赛机制,则激励因素和发展动力也会有所不足。但到目前为止,绝大部分地域武术都未曾举办过大规模的武术赛事,也未制定完善而统一的竞赛规则,即便已经成功举办的比赛往往是竞技武术比赛的附庸,或者是已经呈现出显著竞技化特征的地域武术。如此不只是会减缓学习和习练地域武术氛围的形成速度,还会使地域武术的发展动力有所减少,进而对地域武术可持续发展产生负面作用。

(二)地域武术发展速度远远落后于社会发展速度

当今社会发展速度快,科学技术成果更新速度快,广大群众在思想和价值观方面产生的变化大。因为地域武术形成和发展的文化环境比较闭塞,所以在快速发展的当今社会中显得有些手足无措,未能在最佳时间段内实施自我更新,未能紧跟社会发展节奏。尽管地域武术的本质内容是每位中华儿女的精神财富,值得所有中华儿女学习、弘扬、传承,但地域武术外在表现出的训练手段以及传承方式中的内容很难被现代人接受。在时代持续发展的过程中,社会分工呈现出日益细化的发展趋势,地域武术具备的多重功能和价值逐步演变成了作用于地域武术发展过程中的双刃剑。具体来说,地域武术的多重功能和价值一方面增加自身的经济效益,另一方面也增加了自身在发展过程中的阻碍。在现代生活节奏持续加快的情况下,广大群众的价值判断也呈现出更加实用、学习难度不断减少、趣味性逐步增强、简洁化、高效化的发展趋势,这种发展趋势在青少年群体中表现得最为显著。但习武者要想全面掌握地域武术的理论要点和运动技能必须坚持锻炼才行,这使得地域武术陷入尴尬的发展困境中。

由此可见,当前应该深刻意识到时代发展现状是地域武术必须正视的社会危机,同时要意识到在地域武术的未来发展过程中必须赋予其崭新的时代内容,只有这样才能以更快的速度实现可持续发展目标。

(三)地域武术获得的经济支持以及产生的经济回报有限

所有运动项目得以发展都离不开特定的经济基础,地域武术同样如此。通常情况下,国家和地方会在比赛项目上投入主要资金,目的是为改善比赛项目的比赛成绩,但地域武术至今仍未被纳入全运会和亚运会的比赛项目中,所以获得的投入资金比较少,同时因为地域武术未把自身优势完全展现出来并努力朝着产业化方向发展,所以获得的企业赞助同样很少,在所获经济支持有限的情况,地域武术自很早开始就呈现出了低迷的发展态势。

在市场经济持续深入的情况下,广大群众的经济意识呈现出了持续增强的趋势,在这种情况下由于习练地域武术无法在短时间内获得经济回报,所以为数不少的民间传统武术爱好者舍弃地域武术,踏上追逐经济利益的道路。

(四)地域武术练习人口在现代体育项目猛烈冲击下锐减

自鸦片战争开始,涌入我国的西方现代体育项目不断增加,中国武术受到了前所未有的冲击,参与西方体育项目的人数持续增加在潜移默化中掠夺着武术人口,由此产生的结果是当前习练武术的人口以及武术未来发展的潜在人口呈现出逐步减少的趋势,对中国武术可持续发展产生了很大限制,对于地域武术可持续发展产生的影响同样如此。

(五)师徒和血缘传承方式是很多地域武术拳种失传的原因

历代中华儿女在传承过程中的封建保守意识,使得地域武术出现了"近亲繁殖",同时我国很长时间以来的农耕生活和家族制度也在很大程度上限定了地域武术的传承过程。虽然传统意义上的传承有益于各个武术门派不断精炼自身技术并逐步形成特色鲜明的技术风格和传统,但也使得武术的发展动力不断减少。与此同时,因为传统意义上的地域武术讲究言传身教,所以如果出现找不到合适传人的情况,那么这个拳派就会面临消亡的危险。特别是在近些年政治、经济、文化、社会生活发生翻天覆地变化的情况下,愿意把很多时间和精力投入到武术习练过程中的人持续减少,这使得很多拳种后继无人的问题越来越严重,同时也加快了这些拳种的消亡速度。倘若地域武术在未来发展中不具备大量风格迥异的传统拳术作为"资源",将会使自身可持续发展目标无法实现。

(六)地域武术理论基础薄弱,训练手段的原始性特征显著

中国武术形成于农耕文明中,在其发展过程中受到了儒释道等各家思想的影响,其形成和发展的理论基础是我国传统哲学思想基础,但包括"天人合一"在内的传统哲学思想存在含混不清、晦涩难懂、接受难度大的弊端,此外为数不少的传统拳术理论中蕴含着显著的封建迷信色彩。因此,和精准、简洁、直接、丰富的现代西方体育理论相比,中国武术的相关理论显得更加单薄和晦涩。

发展至今,地域武术训练依旧承袭身传口授的传统训练模式,虽然该模式是世代拳家经验充分交融后的产物,蕴藏着诸多科学理念,最终的训练成效比较显著,但其中也有很多原始、低效、未达到科学性要求的训练方法,这些重视实践而轻视理论的单一化训练方法明显比当前先进的训练方法落后很多。以现代训练学中的科学选材、身体训练、技术训练、战术训练、智能训练、心理训练等系统、完整、科学的训练理论和方法为比较对象,地域武术的传统训练模式则显得更加落后。总之,理论基础薄弱和训练手段原始这两项问题对地域武术多重优势的发挥产生了很大的限制作用,对地域武术的良性发展也产生了不容忽视的负面影响。

四、地域武术可持续发展模式的构建

(一)科学构建传统武术理论体系

1.立足武术本体构建武术理论体系——内核层

理论是对实践活动进行理性总结后形成的产物,理论来源于实践。具体到武术理论,本质上就是以武术实践活动为具体对象实施从经验层面到理性层面的提升与归纳,武术理论不但深刻揭示了武术发展变化规律,而且借助达到科学化要求的武术理论对武术实践活动产生指导性作用,在理论和实践彼此影响的过程中

促进武术可持续发展。

一方面,武术理论不能脱离武术实践活动;另一方面,武术活动主体应始终围绕武术技艺传承展开。以文化三层次理论为深入剖析中国武术理论的依据,尽管其属于"物器技术"层、受制于"制度习俗层""心理价值层",但其贯穿武术活动的主线,根据逻辑结构大体能被划分成教与学、练与用这样的过程具体呈现,而所有载体都是人。换句话说,武术理论科学研究的主体是人、出发点和落脚点是武术的功能价值、始终围绕的中心是武术教学和武术学练,此外还积极认识、评价、探索各种武术形成和发展规律。从整体来说,武术理论的核心内容是武术活动的本体内容,所以相关部门和相关人员务必要以传统武术活动的本体作为着手点,始终围绕体现中国武术攻防技击特征的教与学以及练与用的活动,在实践过程中整合和探寻拳术形成理论、技击方法理论、教学训练理论、竞赛表演理论等一系列具体理论,最终遵循概念化—条理化—系统化—体系化的认识事物的规律,推动武术理论体系在更短的时间内达到系统化要求、层次化要求以及完整化要求,采取有效手段构建出完善的传统武术理论体系,所以说该层面是武术理论科学研究的内核层。

2.应用联系观点建立传统武术理论体系——外核层

在反复重申基于武术本体构建武术理论体系的同时,也要高度重视其他层面的因素,换句话说就是要以系统论观点为理论依据来深入探究传统武术理论体系的构建工作。

从本质上来说,传统武术理论是武术这个庞大系统中的子系统,将武术理论划分成诸多子系统,并且在将诸多子系统划分成很多子子系统,有助于人们形成对武术理论的整体性认识,也有助于人们在深入研究诸多子系统和子子系统的过程中精准认识到具体系统在武术理论这个大系统中的实际地位和作用,还有助于站在更高的视角分析和探究子系统与子系统及与子子系统的关系,在此基础上进一步认识到彼此间的影响,最终全方位认识

"传统武术理论科学体系"。综合分析过去关于传统武术理论研究的成果会发现,多数情况下会忽略组成整体的各部分之间的具体联系,同时会把统一完整的武术肢解为局部孤立的来认识,如此难免会出现认识的片面性问题和局限性问题。

关于究竟什么是传统武术理论的科学研究的外核层,这里认为就是把围绕内核层构建起来的学说实施宏观层面的归纳和整理,同时高效应用某一学科或交叉学科的知识,在接受实践检验的基础上完成科学逻辑推理和归纳总结,立足于宏观层面探究和解释中国武术的活动规律、特定现象、具体特征、功能价值等,在此基础上构建起传统武术理论分支学科学说。

3.采用全面系统观构建传统武术理论科学体系——内核层与外核层一体

从整体来说,内核层与外核层之间存在彼此关联、彼此融合、彼此推动的关系。因为传统武术蕴含着显著的实用主义思想,所以在武术理论体系的发展过程中产生了很大的限制性作用,传统武术研究成果中关于外核层的研究成果屈指可数。以辩证法的观点为理论依据,所有理论都需要经历从实践—理论、理论—实践的反复提炼、升华、创新才能被世人接受,市场效益才会逐步产生。

对武术理论的科学研究而言,一定要把三个方面作为着手点,即武术实践经验的科学总结、对武术现象的实验和观测之后的科学总结、由已知知识通过思辨之后而得出的新知识。把传统武术科学研究的这三个方面的知识汇集在一起,就构成了传统武术的理论系统。

(二)地域武术自身科学化是发展的基础

1.科学建构各传统拳种技术和理论体系

(1)技术体系的建立

一方面,以地域武术固有技术体系为依据,科学建立和完善各个地域武术拳种体系,如此能为地域武术完整技术训练体系得以保留创造条件。

另一方面,在密切联系社会发展需要的基础上,以传统意义上的技术体系为基础,根据习练者实际需求编排技术内容,逐步建立适应新需求的技术体系。例如,以大众练习者对具体对象,根据技术难易程度将技术内容划分成初级、中级、高级三种类型;再如,以侧重于达到防身目的的群体为具体对象,组织和安排单势和对打练习。

(2)理论体系的建立

一方面,梳理和整合传统武术的理论,构建日益完善的传统武术理论体系,在此过程中去伪存真。密切联系武术技术,充分挖掘和发挥理论对技术修炼的指导性作用。

另一方面,借助现代科学知识阐析传统拳理,剖析和论述传统武术理论难以解答的问题,基于传统理论逐步形成现代意义的武术理论。

2.科学认定地域武术拳种的基本标准

在认定地域武术拳种时需要有科学的体系,换句话说就是要在结合各地域武术史、技、理完整的体系的基础上认定地域武术拳种,具体内容分别是清晰的历史传承、规范的基本技术、突出的风格特点、完整的技术体系、科学的理论体系。

3.全面梳理地域武术的拳种内容

以地域武术的认定标准为依据,就当前的地域武术内容实施更加深入的挖掘、整理、归类、论证、认定,由此确定出典型的地域武术门类,进一步巩固未来地域武术实施推广、开展竞赛、实行段位制的基础建设。

(三)开发地域武术的经济资源,发展地域武术产业

地域武术不只是体育,更是一种文化。地域武术作为一项体育运动,不仅能促使人们的健康水平得到大幅度提升,还能以竞

赛形式充分满足人们在技击层面、观赏层面、娱乐层面的实际需求;地域武术作为一种文化,不仅能满足人们在求知方面的需求,还能满足人们在审美方面的需求。由此不难得出,地域武术中蕴藏着诸多经济资源。开发地域武术经济资源的过程中,一定要最大限度地在地域武术产业发展过程中注入发展动力,有效夯实地域武术平稳发展的经济基础,逐步达到以武养武的目标,逐步推动地域武术在可持续发展道路上阔步前行。

首先,相关部门和人员应当最大限度地利用地域武术在全民健身方面的优势,坚定不移地选择大众健身发展途径。积极组建和开展武术培训班以及武术健身俱乐部等,这样不仅能稳固地域武术的群众基础,还能增加地域武术产生的经济收益。

其次,科学组织和开展形式多样的武术竞赛,设法形成由媒体、武校、体育院校、各级体育局、工厂、企事业单位及政府共同参与的红火场面,散打王争霸赛的成功经验就值得地域武术学习和汲取。与此同时,地域武术应当在合理规则的长期引导下,促使武术赛事发挥出对相关产业的带动作用,由此在一定程度上推动地域武术的可持续发展进程。

再次,逐步使地域武术的文化价值转化成经济价值,如"中国郑州国际武术节""武当山武术文化节"都采用了相当成功的发展模式,值得进行大范围推广。

最后,地域武术应当积极挖掘和发挥自身蕴含的多项资源优势,采取多种形式来发展地域武术产业。一方面,能使地域武术工作者真切感受到自身从事工作的社会价值,促使地域武术工作者实现自身价值的需求得到充分满足;另一方面,能增加地域武术工作者的实际收入,使他们的社会地位有所提高,切实有效调动他们参与地域武术工作的主观能动性。

(四)加大对地域武术的推广力度,有效改善推广效果

1.国家高度重视,主管部门落到实处,有步骤有计划地推广

不仅要对地域武术实施行政层面与学术层面的管理,也要对

地域武术进行认定、推行规范教材、举办各种竞赛活动、推广单项段位制、协调与竞技武术关系等一系列工作。

2.立足国内,面向国际,利用段位制模式推动各个传统拳种发展

鉴于地域武术包含很多优秀拳种的现实情况,地域武术应当在积极完成自身建设工作的同时,兼顾社会的多元化需求,科学制定与之相对的段位制技术、理论、升段标准及礼仪内容等,从而为地域武术的发展进程注入发展动力。

3.成立单项拳种协会,举办专项拳种比赛,促进技术的发展

在全国武术主管部门的统管下,成立全国性的单项拳种协会,承担推动该项目全方位发展的任务,其中组织和开展专门化的单项比赛能强有力地推动地域武术的发展。

4.突出健身防身功能,多渠道开发地域武术的资源,实现地域武术的价值

分析和归纳竞技武术的发展经验会得出,地域武术同样要使自身的健身功能与防身功能表现得更加突出,由此更好地适应广大群众的多样化需求。

5.传统地域武术对竞技武术进入奥运会的特殊意义

中国武术进军奥运会不仅是武术界关注的焦点,甚至是广大国民关注的焦点,截至当前确定进入奥运会的项目候选的是武术竞技套路,这使得很多人觉得传统地域武术和中国武术进军奥运会没有关联,特别是在竞技武术为进军奥运会大力改革竞赛场地、裁判方法、竞赛规则的情况下。很多人原以为"传统武术是武术之源,是武术的发展基础",但在当前情况下很多人产生了传统武术貌似和竞技武术不再是同根生的枝条,这里提及的"根"恰恰是正在被人们遗忘的"武术之根"。这个根不能丢,原因在于竞技武术进军奥运会的终极目标是推动中国武术的整体发展进程。制定进军奥运会的发展战略并贯彻落实相应的改革措施,主要是

因为要想在全球化背景下使越来越多的人认识中国武术,就必须采用西方话语体系,但应用西方话语阐析的对象是中国特色鲜明的武术,并非是体操化的武术。

(五)构建以学生社团为载体的武术文化传播传承模式

1.学生社团在地域武术文化传承与传播中独有的优势

学生社团是由具有某方面共同兴趣爱好的学生自发成立的、为实现成员共同愿望而开展活动的学生组织。学生社团活动是学生自己组织、自己设计、自己参加的,正因为兴趣相同,所以大学生参与社团类学生活动主动意识强、积极性高。

对于学生而言,学生社团活动为他们进行人际交往提供了舞台,为他们全方位认识社会构筑了桥梁,这就使得学生社团活动逐步演变成学生开展文化交流的阵地。学生社团活动和学生信息传播之间的天然联系,促使学生社团在文化传播过程中发挥着与众不同的作用。由此可见,构筑以学生社团为载体的武术文化传播模式能有效推动武术文化传承进程[①]。

通常情况下,社团都是跨院系的校级社团,社团成员分别来自各个院系,很多学生同时参加两个或两个以上社团,不同社团成员存在着相互交叉、相互重叠的关系,这使得社团内部的信息传播速度极快。具体到大学生武术社团,其在传播和传承武术文化的过程中发挥着显著作用。

2.构建以学生社团为载体的武术文化传播传承新模式是民族文化传播与传承的必然要求

武术文化就是和武术相关的意识形态,具体内容有武术在动作形态上的文化特征、设计动作形态的内在原则、武术的价值取向和认知方式等。就武术文化来说,不只是具备建构人的价值意

---

① 王传友,冯伟.高校体育社团发展现状与对策研究[J].吉林体育学校学报,2009(01).

识的直觉性格,更为关键的是具备逻辑性格。武术文化具备逻辑性格的具体表现是:一方面,武术文化是中华民族在特定生活环境中肯定外部世界思维的具体形式;另一方面,武术文化构筑了集独特价值与独特意义于一身的文化世界,构筑了中华民族别具特色的价值心理和价值观念,使得我国民族文化价值意识的定势逐步构建起来。在市场经济剧烈竞争的当下,大学生内心矛盾重重、疲惫感持续加重,急需获得心灵层面的安慰;同时在物质财富持续增加的当下,大学生精神世界失调发展的问题严重,迫切需要对其精神生活采取丰富性措施;在网络世界和视频节目提供的诱惑持续增加的情况下,很多人的精神世界出现畸形发展的问题,对网络的痴迷心理严重限制了很多青少年的学业发展、身体健康发展、心理健康发展。地域武术文化具备显著的教育价值,能有效丰富当代学生的精神生活。定期在学校组织和开展形式多样的武术社团活动,能显著改善地域武术文化在校园内的传播现状以及传承现状。

参考文献

[1]龙立.全球化时代中国少数民族政治现代化的战略选择[D].南京大学,2013.

[2]美.戴维.S.兰德斯著,门洪华等译.国富国穷[M].北京:新华出版社,2010.

[3]曾枝盛.全球化与全球化理论[M].新视野,2002(02).

[4]李印东.武术释义[M].北京:北京体育大学出版社,2006.

[5]汪珂永.中华传统武术文化及传承[M].北京:光明日报出版社,2016.

[6]林小美,杨建营.武术发展历程的阶段论[J].体育科学,2006(09).

[7]张旭昌.中国武术发展现状分析[J].搏击(武术科学),2010(05).

[8]冯艳琼.地域武术与武术文化研究[M].北京:人民体育出版社,2009.

[9]王涛.中国武术的传承研究[D].北京体育大学,2009.

[10]王林.武术传播论纲[M].武汉:湖北人民出版社,2011.

[11]陈忠丽.浅析当今中国武术的健身价值及发展[J].商,2016(06).

[12]刘玉,吴俊.青少年学生武术健身价值及其教学推广[J].内江科技,2011(04).

[13]杨明,徐光明,蒋云.将武术攻防内容引入《防卫与控制》教学的探讨[J].广西政法管理干部学院学报,2013(01).

[14]韩小康.NBA产业化运作模式对武术产业化发展的启示[D].山东师范大学,2013.

[15]徐磊.NFL成功经营对武术市场化发展的启示[D].山

东师范大学,2011.

[16]李厚芝,张美江.武术市场化发展走向之探析[J].西安体育学院学报,2007(03).

[17]刘立华.普通高校武术教育发展问题反思[J].搏击(武术科学),2015(11).

[18]董江,肖曦洪.少儿武术套路训练状况与发展对策分析[J].搏击(武术科学),2011(04).

[19]张选惠,郭永东.我国武术运动竞赛发展现状及对策研究[J].成都体育学院学报,2001(02).

[20]刘秀平.地方文化政策与地域武术发展的研究——以武当武术为例[D].武汉体育学院,2012.

[21]朱力.社会学原理[M].北京:社会科学文献出版社,2003.

[22]王传友,冯伟.高校体育社团发展现状与对策研究[J].吉林体育学校学报,2009(01).

[23]余水清.关于武术理论体系的思考[J].武汉体育学院学报,2000(34).

[24]郭玉成.武术传播引论[M].北京:北京体育大学出版社,2006.

[25]卢元镇.中国武术竞技化的迷途与困境[J].搏击(武术科学),2010(03).

[26]朱丞.中国武术当代使命研究——基于教育、健康、文化传承[D].山东师范大学,2018.

[27]宋海辉,宋海燕.中国武术文化国际传播现状与发展策略分析[J].四川体育科学,2018(03).

[28]杨潇.网络传播视域下武术发展现状分析[J].武术研究,2017(09).

[29]Fredrik Ydersfrom(王佛德).中国武术在挪威的传播与推广研究[D].首都体育学院,2018.

[30]刘春燕,谭华.中华民族传统体育的兴盛、危机与复兴[M].北京:人民出版社,2016.